U0090003

中國學術思想研究輯刊

二四編

林 慶 彰 主編

第1冊

《二四編》總目

編 輯 部 編

《左傳》「君子曰」中的君臣之道

鄭 惠 方 著

花木蘭文化出版社

國家圖書館出版品預行編目資料

《左傳》「君子曰」中的君臣之道／鄭惠方 著 — 初版 — 新北市：
花木蘭文化出版社，2016〔民105〕
目 2+110 面；19×26 公分
（中國學術思想研究輯刊 二四編；第1冊）
ISBN 978-986-404-713-0（精裝）
1. 左傳 2. 研究考訂
030.8 105013469

中國學術思想研究輯刊
二四編 第一冊 ISBN：978-986-404-713-0

《左傳》「君子曰」中的君臣之道

作　　者　鄭惠方
主　　編　林慶彰
總 編 輯　杜潔祥
副總編輯　楊嘉樂
編　　輯　許郁翎、王筑　美術編輯　陳逸婷
出　　版　花木蘭文化出版社
社　　長　高小娟
聯絡地址　235 新北市中和區中安街七二號十三樓
　　　　　電話：02-2923-1455／傳眞：02-2923-1452
網　　址　http://www.huamulan.tw 信箱 hml 810518@gmail.com
印　　刷　普羅文化出版廣告事業
封面設計　劉開工作室
初　　版　2016 年 9 月
全書字數　95634 字
定　　價　二四編 11 冊（精裝）新台幣 20,000 元

《二四編》總目

編輯部　編

《中國學術思想研究輯刊》二四編 書目

《中國學術思想研究輯刊》二四編各書
作者簡介・提要・目次

第一冊　《左傳》「君子曰」中的君臣之道

作者簡介

鄭惠方，臺灣高雄人，一九八一年生。國立臺灣師範大學國文學系學士，國立清華人學中國文學系碩上。現職爲國中國文教師。

提　要

本論文題目爲「《左傳》『君了曰』中的君臣之道」，土要是以「君子曰」的視角探究《左傳》中君臣的相關問題。第一章爲緒論；第二章以「君與臣上下隸屬關係」爲範疇，由「聽與諫」作爲切入點，探討君臣在政治互動上該如何取得共衡；第三章以「君與臣對應社稷」爲範圍，由「忠」作爲切入點，探討君臣實踐「忠」的態度，對應的對象及具體的作爲爲何；第四章以「君臣對應同僚（同宗）及自身」作爲省思，以「讓」與「稱」作爲切入點，探討該如何切合禮；第五章將本論文所探討的「君子曰」文句置於歷史脈絡之下檢視，藉以分判所屬的時代思想；第六章則加以總結，君子對「諫」、「忠」、「讓」的褒揚皆落於「人臣」之上，藉以突出「人臣」在《左傳》一書中的價值。在現實政治的情況，人臣的能力雖有所侷限，卻也反映史家在世衰道微，禮樂崩壞的時代背景之下，欲借人臣樹立的懿美風範來重建秩序的美好期盼。

目 次

第二冊　先秦儒家仁政思想研究

作者簡介

張傳文，男，1971 年生，安徽省肥東縣人。先後就讀於安徽師範大學、合肥工業大學、南京師範大學，獲法學博士學位。生於農家，成年後當過中學教師、律師，自 2000 年起任教於安徽農業大學人文社會科學學院，現爲副教授。

自幼喜歷史，愛玄想。攻讀博士期間，接受導師的建議，研究中國古代政治哲學。目前在各類學術期刊發表論文 30 餘篇，與他人合作學術專著三部。

著述內容廣泛，但是立足於古聖賢思想並闡發其現代意義與價值，是其一貫的旨趣。

提　要

正義作爲社會制度的首要價值與普遍性要求，在不同時代與不同民族之間體現出不同的特點與創造性。中國先秦儒家在這方面的創造是提出了仁政的理念與制度設計。

仁政的根本規定在於以仁政否定暴政，造就和諧的政治關係與社會秩序。仁政的本體根據是先秦的社會結構及其倫理要求，也即禮制秩序；仁政的政治內核是以德代暴，以德統法；仁政的人性根據是孔子的忠恕理念及孟子與荀子的人性論。仁政的制度框架，在政權根據上，強調民本取向及得民心要求；在經濟制度上，強調富民、制民之產及具體的「井田制」規劃；在行政運作上，強調賢良政治、愛民親民。秦以後的二千年歷史，可以看作是仁政的實踐過程與實踐檢驗，其得在於造就了漢、唐、宋、明等中華帝國的強盛，使中華民族相較於古代其它民族更爲富庶、更爲和諧、更爲文明開化；其失在於無法擺脫「民本——君本」、「愛民——馭民」、「德治——人治」的悖論，進而造成一治一亂、激烈衝突的歷史興亡周期律，其根源主要在於古代中國的小農經濟基礎及其宗法等級社會結構。仁政的現代轉化，要求由民本提升爲民主，由小農經濟提升爲成熟完善的市場經濟，由賢良政府提升爲法治爲民政府，要言之，現代仁政應當是法治正義基礎上的正義理念與制度。

目　次

第三冊　荀子「化性起偽」思想之可能性——從「意志」的面向來探討

作者簡介

江宏鈞，一九八五年出生，生於台中市潭子區，國立台灣大學中國文學系畢業，國立清華大學中國文學研究所碩士。以荀子作為撰寫主題的初衷，始於幼時所讀的兒童百科全書，基於最初學校所灌輸的孔孟人性本善之思想，書中所記的荀子之言，在那時深深震撼了幼時作者的內心，直到成年以後依舊深記。承蒙恩師的指引，作者決定以荀子之學爲論文主題，欲圖一解長年以來對荀子的一些疑問，亦抒發內心的想法，此著作如能稍有裨益於後生學者，是作者的期望，亦是作者之幸。

提　要

荀子以「性惡說」聞名於世，在儒家思想裡似乎獨樹一格。但荀子也因此在中國思想史的路途上幾乎是飽受冷眼，倍嚐風雨。一直到明清之後，王先謙、汪中、孫詒讓等人極力闡揚先秦諸子學，再經過後來的學者不斷地研究，荀子的思想總算是逐漸被受到肯定與重視。既使思考的出發點不同，但是在最終的目標上亦是殊途同歸。

但是在強大的孟子形上道德思維的影響下，荀子思想本身的獨立地位與價值並沒有全然底定。大多數學者認爲荀子對「人性改造」的思想裡，缺少了自主性和普遍性，因爲沒有一個能夠自生自發的道德根源存在。我認爲荀子的「化性起僞」說本身已經算是一套夠完整自足的理論，順著這套理論來進行對身心的修養，成爲聖人君子是有可能的。只是人自身的本能和慾望很強，人的自我意識與選擇又會帶來不確定性，還有其他複雜的外部因素等，在在都會影響到「化性起僞」完成的可能。

我思索著一個能夠促使「化性起僞」說完成的重要關鍵，之後在荀子文本中發現到「志意」一詞，而「志意」在文本裡所呈現出來的一個型態與力量，非常可能就是我想要找到的關鍵要素。我認爲這個要素是一個常被稱爲「精神力」的「意志」，只是在文本內無法被直接發現，因此我從荀子文本著手，藉由對「志意」、「志」等高度相關的詞彙，以及與「意志」的內涵有所關連的段落進行搜索和彙整，然後採用文字、聲韻、與訓詁等方法來理解及分析內部的意義之後，我發現荀子不僅早在文本內明白地宣揚「意志」的存在，也用其他的敘述手法來表現「意志」的作用跟重要性。

目　次

第四冊　荀悅政治思想研究——以天命論和君道思想爲中心的考察

作者簡介

林柏佑，男，台中人。1988 年生，2011 年畢業於國立清華大學中國文學系，2015 年於該校中國文學研究所取得碩士學位，著有碩士論文《荀悅政治思想研究——以天人關係和君道思想爲中心的考察》。

提　要

本文探討荀悅（148～209）的政治思想，尤集中於其對天人關係與君道思想的討論，並相當注重其思想與其時政治情勢間的關聯。

荀悅活動於主荒政謬的東漢桓靈年間，歷經黃巾民變，任職於幾無實權的建安朝廷，歿於建安十四年。荀悅今存著作不多，唯有剪裁自《漢書》的編年體史書《漢紀》與儒家類子書《申鑒》。二書中呈現的荀悅，正如《四庫提要》對《申鑒》的評論：「其原本儒術，故所言皆不詭於正。」但，荀悅並非無的放矢，也非單純地空呼教條式的規範。本文認爲，荀悅身爲漢之忠臣，一方面侍講禁中，教導獻帝，另一方面透過著作，有意識地回應當時的諸多政治問題。

荀悅亟欲解決的問題，主要集中於皇權方面。東漢靈帝與宦官濫用權力，以致群雄並起，失去實際控制天下的能力。儘管曹操迎獻帝於許昌，打著漢朝旗號，四處征討，漢朝廷也只是個軀殼，不具實權。面對群雄並起的問題，荀悅的天人三勢說，透過對天人關係的討論，既宣稱漢朝廷得天命，確保皇權，又保證人事的積極性、能動性，其「政體」思想可見其恢復秩序的用意。

但是，東漢朝廷之所以失去實權，就是「主荒政謬」的結果，問題的源頭在於皇帝與宦官濫用權力，靈帝甚至賣官以聚斂。因此，荀悅對於人君的應有樣態甚至限制手段，也有若干主張，如應用賢臣以修德、重視諸侯之「夾輔」。

最後，荀悅非常重視「權變」，既主張應考量時勢而損益制度，也重視迫於時宜而不得不爲的「權宜之計」。本文認爲，荀悅隱隱以「權宜之計」暗示漢朝廷應與曹操合作，藉其力量以平天下，展現其「爲曹所以爲漢」的立場。

目　次

從荀子之性惡看道德的潛能與實踐

作者簡介

湯靖雯，1988年5月31日生，台灣台中人，天主教輔仁大學哲學系碩士班畢業。自小找尋自己存在的意義，渴望有一天能達到隨處體認天理的境界，哲學興趣領域為荀子、心性論與詮釋學，曾發表過〈荀子「化性起偽」之探究〉。

提　要

因為「我」作為「我」存在著，正如同海德格《存在與時間》對於「存在」的疑問一般，「我」是我自己最熟悉的、卻也是最容易被忽略的對象。本文欲藉由釐清荀子的心性論——即以荀子之性、性惡與心的探討作為基礎，了解荀子之性與心的內涵，及其性惡之所指，試圖從中尋找到人之所以能成爲道德人的可能與方法，以及得以實踐的理論基礎；由此返回到「我」自身，掌握自己所擁有的潛能與運行的原因原理，以便能夠尋得使自己更好的發展方向。第一章爲緒論，說明了研究動機、目的與方法；第二章釐清荀子之性與惡的指涉與內涵，試圖從中尋找人爲善與爲惡的潛能及因由；第三章探討荀子之心在性惡論中所佔有的地位，了解荀子是如何在性惡論中，去肯定善的可能；第四章說明化性起僞的原因原理，了解性惡是如何走向善僞，又該如何去實踐；第五章爲結論。

目 次

第五冊 戰國秦漢法家諸問題研究

作者簡介

區永圻，男，1951 年 11 月 4 日生，漢族，廣東江門人。1982 年本科畢業於華南師範學院（今華南師範大學）歷史系；1982 年至 2001 年在廣東韶關教育學院歷任教師、系副主任、副院長、院長；2002 年調廣東省成人科技大學（今廣東工程職業技術學院）任教務處處長；2008 年獲華中師範大學歷史文獻學博士學位。在高校擔任行政工作之餘，長期從事中國古代史的教學和研究，主要著述有「漢光武帝劉秀研究綜述」（中國社科院歷史研究所主辦《中國史研究動態》1995 年第 1 期）、「評《秦漢官吏法研究》」（中文期刊核心刊物《文史哲》1995 年第 3 期）、「《商君書》重農抑商思想評析」（《河南師範大學學報》1994 年第 3 期）、「論漢儒批法」（中文核心期刊《江西社會科學》2003 年第 7 期）等，博士畢業論文爲《戰國秦漢法家諸問題研究》。

提　要

晉秦法家是法家的主體，其主要代表商鞅、韓非的思想在歷史上影響最大。

法家作爲一個政治學派，曾在戰國中、後期取得巨大成功，但其多位代表人物的個人命運卻以悲劇告終。與儒家等相比，法家早早就退出了中國古代歷史的前臺，但她卻一直在政治、法律領域潛在地發揮隱性的作用。

法家之所以在先秦不入顯學，首先與法家自身崇尚功利、講求實用的學派特點息息相關；其次，韓非本人不屑與儒、墨同伍的孤傲心理，也是法家遠離顯學的原因之一。

韓非集法家之大成建立起來的法術勢相結合的思想理論體系，是以法爲核心的，術和勢在該體系中處於從屬地位。商韓之法的理論價值和歷史價值均高於申韓之術。

儒法合流濫觴於先秦，荀子是禮法結合、王霸一體理論的奠基者。陽儒陰法始於西漢，漢代儒法合流主要體現在思想學術層面和法制層面。漢儒批法是對法家只講暴力、不講懷柔之統治思想、政策的矯正而不是對法家文化的全盤否定。陽儒陰法對中國歷史的影響可從儒學官學地位的確立、「霸王道雜之」政治文化模式的穩定、法家「以法爲本」和「重農抑商」等思想觀念對封建社會發展進程的影響等方面去探討。

當前，法家研究與儒家、道家等熱門學派研究相比，尚顯「冷清」，與今後民主法制建設的加快發展似不相適應。因此，加大投入，以群體之力，共同構建「商韓之學」， 是一項有著歷史意義和現實意義的工程。

目　次

第六冊　由歷史脈絡論西漢儒學之意義

作者簡介

張慧芳，臺灣師範大學國文研究所碩士，現任靜宜大學中國文學系副教授。講授論孟、老子、中國思想史及紅樓夢。著有《大智度論初品的結構與意義——菩薩・具足・一切法》，及〈《舍利弗阿毘曇論》入品與相應品關於心所有法的規定〉、〈施護譯綱要性般若經典論析〉、〈論佛教有部的煩惱義〉、〈論佛教二十二根〉、〈《大念住經》兩種漢譯本之比較〉、〈朱子的心性觀與格物致知〉、〈朱子的理氣觀〉、〈王陽明傳習錄辯朱子注再議〉、〈論《紅樓夢》賈瑞與秦可卿之死複線並行的結構與意義〉……等論文。

提　要

本書是 1982 年我的碩士論文《西漢之儒學》的修訂版。緣於西漢儒者的關懷多集中於政治問題，思想始於政治，終於政治；儒者與西漢歷史的連結非常緊密；而本書論述西漢儒學的價值與意義，無論漢儒對「內聖外王」理想的用心與限度，或西漢儒學在傳承中的流變與發展，探討的主題皆貼合著歷史脈絡，修訂時，因更名爲《由歷史脈絡論西漢儒學的意義》。

全書分六章，第一章總起全文，敘儒學在傳承中之演變，分別以西漢政治制度與禮樂教化爲架構，述學術與政治之關係，結以儒者以天下爲己任之精神。第二章至第四章，論西漢儒學發展的三個階段，以漢高至景帝，爲儒道並行時期；武、昭、宣三世，爲儒家大有爲時代，亦儒法並行時期；元、成、哀、平，爲儒家復古學說盛行時期，終結以王莽篡漢。此三章，採歷史敘述之方式，以時君之政治措施爲線索，將西漢之大儒分別安置於歷史中，深入探討其用心與作爲，彰顯西漢儒者的理想與現實困境。第五章記西漢經學之概要。經學之流傳，實爲儒學之主要部分，而漢世經師，派別繁多，要皆與政爭息息相關。此章歷記秦焚書與漢初經學之復原、經學博士之設立、石渠閣之議、劉歆爭立古文經等重要事件，採重點式整理與分析，以爲前三章之補充資料。第六章是結論。

目　次

魏晉士人的身名觀

作者簡介

陳玉芳，1980 年生，台南新營人，畢業於成功大學中研所，目前於國中任教。

提　要

身、名二者，在儒道二家的說法中，有許多分歧，在「名」方面儒家採正名觀，而道家採無名觀，在「身」方面，儒家有捨身取義，而道家貴身，我們可以藉由魏晉時期重身與求名，來看士人融和儒道的努力。

然而魏晉時期是分裂統一頻繁的時代，士人在身名間的取捨，充滿了個人道德與個人生存的掙扎。而死亡的逼迫更促使士人思考如何達到「不死」，而長生求仙的失敗，使士人轉向追求精神不朽。於是士人接受了人皆有死的現實，朝向追求立德、立功、立言的三不朽，並以具體有形的事物，如碑銘、文學作品、藝術創作，確保聲名的流傳，這是其「名泰」的追求。

另一方面，士人也注重生活的品質，有了足夠的經濟基礎後，士人有了豪奢的物質生活，有些士人則朝向生活的藝術化，表現出士人重視精神生活的一面，士人生活水準與品質皆佳，這是其「身泰」的展現。

不過，我們也可以看出魏晉士人追求身名俱泰時，捨棄了儒家賦予知識份子的責任感與道德操守，捨棄了道家寡欲不爭的養生指引，從而遺落國事，尸位素餐。

本文探討魏晉士人對於身、名，如何取捨，如何兼得，以反映當時的社會現象與士人心態。

目　次

第七冊　理學宇宙本體論研究——以朱熹爲中心的考察

作者簡介

郭紅超，男，1970 年 2 月出生，漢族，河南省商丘市人。亳州學院教育系副教授，歷史學博士。主要研究領域爲中國古代政治制度史、宋代思想史。

提　要

宋代理學以儒家經學的義理爲根本，在吸取漢代宇宙論和魏晉本體論的基礎上，借鑒佛、道的關懷視域及思維模式，以追求成聖及聖賢境界爲目的，賦予儒學原有概念如太極、道、理、天、性、心等以新的內涵，將宇宙本源及道德本體融彙爲一新的宇宙本體。宇宙本體既可被視爲天道自然之所以生生不息的終極本原，同時也是人類社會道德價值之所以產生的超越源頭。太極、道、理、天、性、心等詞語只是這一宇宙本體的不同稱謂而已，它們分別從不同的角度揭櫫了宇宙本體的特點，宋代理學家們正是通過使用這些詞語來表達他們對宇宙本體的看法、觀點等，這些觀點和看法均可視爲理學的宇宙本體論。

北宋五子的宇宙本體論呈現出多姿多彩的特色。周敦頤以太極爲宇宙本體，著《太極圖說》與《通書》以闡明其觀點，被尊爲理學開山。張載、邵雍則分別以太虛、太極（心爲太極）等爲宇宙本體，其宇宙本體論均較周敦頤爲複雜，有進一步探究的必要。二程則繼承周敦頤的思想，但卻獨創「天理」二字作爲其最高的宇宙本體，被尊爲儒學的正宗。

朱熹的宇宙本體論以理爲核心。其理既有對周敦頤的太極、張載的太虛、二程的天理說的繼承，也有對邵雍先天易學的吸收。朱熹的理具有普遍性、實有性、客觀性、公共性、內在性、超越性、當然性、必然性等特點，既是外在世界的客觀規律，又是人類社會道德價值的源泉。朱熹的理不僅是存有的，而且是能動的。

目　次

第八冊　陳確「心氣是一」的思想研究

作者簡介

王焜泰，一九八四年生，彰化縣鹿港人。畢業於中國文化大學中文系、中國文化大學中文所，曾任國、高中教師，現爲臺中華盛頓中學國文專任教師，論文著有《陳確「心氣是一」的思想研究》。

提　要

「宋明理學」在中國思想史上已盛行了六百餘年，然而在理學之末流呈現出一種空談心性亦近狂禪的現象，此時在於明清學術思想轉換之際而又受到政治影響，使明末學者思想產生了劇烈變動，如：羅欽順、王廷相、劉宗周、黃宗羲等人無不受到當時「氣學」所影響，就在此時傳統理學的相關問題再度被挑戰，這也是一個學術明顯轉變的現象。

陳確在這明清氣學潮流之中也深受其影響，他打破了傳統的偏見、勇於挑戰權威，他認爲性善應從實踐工夫來說，此時把形上本體落實到形下層面，來避免空談本體之性，使本體就在人倫日用之中無限展露，這也是陳確的重要思想特質之一。

雖然陳確深受陽明「心學」之影響，但並不代表只有純「心學」觀念，而且陳確把心的本體觀念保留，但也引進了「氣學」思想系統來修正「心學」，所以我們不能再說陳確只有「心學」意味，而是要以「心氣是一」的角度來去詮釋說明，更能凸顯其思想特色。

目　次

第九冊　中、晚明「泰州學派」的思想發展研究：從「百姓日用」到「參之以情識」

作者簡介

韓曉華，香港人。香港教育學院畢業、香港公開大學教育碩士（2005）、香港中文大學哲學文學碩士（2010）、香港新亞研究所（哲學組）博士（2014）。曾任小學教師，現任香港人文學會講師、香港中文大學兼任講師。學術領域爲宋明理學、當代新儒學及中西哲學比較研究。

著有〈論何心隱的「講學」思想〉、〈從《五十自述》論牟宗三先生的「歸宗儒學」〉、〈論牟宗三先生對王塘南「透性研幾」的詮釋〉、〈論牟宗三先生對「哲學語言」的理解：從牟譯《名理論》來看〉、〈論唐君毅先生對荀子「性惡善僞」的詮釋〉、〈唐君毅論「身心問題」——從比較塞爾（J.R.Searle）的解決方案看〉等多篇論文刊登於《國立臺灣大學哲學論評》、《鵝湖月刊》、《當代儒學研究》等學術期刊，及短篇小說集《念舊：給那些像消失了的》。

提　要

本文的研究目的在於清理「泰州學派」在儒學思想發展史上相應的義理之定位問題。本文論述「泰州學派」的思想發展可分成三個階段：

一，「泰州學派」思想確立。「道體流行的圓融境界」是指「良知」（天理、本體）的周流遍潤所充分呈現之圓融境界。「道體流行」即是指「良知」（天理、本體）的「流行」，此「道體流行」即是一圓融之境界。「泰州學派」的王心齋與王東崖的學說最能表現出這一特徵。

二，「泰州學派」思想轉調。「思想轉調」是指思想脈絡相同而側重點有別，「泰州學派」的後學之思想特徵仍然是「自然」與「樂學」，而側重點則從「本心實性」而說。「道體流行攝歸於本心實性」是指「良知」（天理、本體）的流行所呈現之圓融境界，所強調的是此一圓融境界即是本心之實性（即「性情」）的一面，並以一活活潑潑、天機發見、自然而然的赤子之心爲名，以期能以此「本心實性」爲據來達至「道體流行」之境界。「泰州學派」的顏山農與羅近溪的學說最能表現出這一特徵。

三，「泰州學派」思想俗化。「思想俗化」是指其中的思想特徵僅於用語話頭處的表面相近，而質實處已有截然不同的依據參照，依「泰州學派」的後學發展來說，其思想特徵僅是表面上仍然是「自然」與「樂學」，其理論依據的「本心實性」則純粹由自然的情性而說。「本心實性的解放」已並不是指相關於「良知」（天理、本體）的流行所呈現之圓融境界，而是直指此「本心實性」即為自然的情性之「本來面目」，此言「解放」即把「本心實性」乃由「良知本體」在超越層所作的根據完全鬆動，由道德範疇說的「本心實性」徹底轉變為自然主義的性情而已。「泰州學派」的何心隱與李卓吾的學說最能表現出言一「本心實性的解放致情識而肆」的特徵。

透過上述三個階段六個人物的個案研究，則可清理「泰州學派」在義理上之定位。首先，「泰州學派」的思想發展使得宋明儒學的「道德形上學」之型態有走向著重於道德實踐的趨勢，再從而只著重於自然生命為道德實踐之可能根據，扭轉了「道德形上學」的思想型態。其次，「泰州學派」的思想發展也鼓吹了清初注重才情與人欲的「達情遂欲」思潮。

目 次

第十冊　誰的天？——明清之際傳教士與士大夫對於「天學」的不同認識

作者簡介

龔鈺battery，畢業於宜蘭佛光大學，受教於李紀祥教授門下。碩士研究領域為東西方文化與知識交流。

提　要

羅明堅與利瑪竇進入廣州後，他們思考「傳教士」在中國是要扮演怎樣的角色。最初他們選擇「僧」，隨著時間的推移，發現這個身份並沒有幫助他們太多事情，反而使百姓把他們與異教的僧侶混淆了，這讓他們感到非常沮喪，所以傳教士們需要思考怎麼樣擺脫這種窘困，最後發現「士大夫」這個群體得到最大的尊重，知識涵養也是最充足的，與傳教士的身份相當，所以最後傳教士選擇「易儒服」。「易儒服」不只是外觀的改變，也會使內在產生變化，這樣的決定可以從初期的教義書籍之中看到角色的矛盾與身份的擺蕩。

明中葉之後，士大夫們一直希望朝廷修改曆法，但種種原因，朝廷一直沒有作為。直到傳教士帶來不一樣的曆法計算方式，士大夫對於修曆又燃起信心，在這樣的氛圍裡，神父們所展示的天文觀，激起士大夫群體熱烈的討論。因為新的學說是可被計算與檢測，所以他們將感興趣的內容都實驗了一次，才選擇是否要接受傳教士的知識，而不接受的那些士大夫，則將中國舊有的「天一重」概念重新提出與詮釋，與傳教士的「九重天」相互碰撞。不管是哪一方的士大夫他們的著作裡，都可以看的傳教士側重的「天主之學」被士大夫放一旁，反而屬於小道的「天文學」被重視，這種美麗的誤會都可以在許多著作中讀到，也能知道士大夫對於「天主」的接受程度怎樣。

《坤輿萬國全圖》的刊出，觀圖的士大夫對它上面的天文與地理內容，紛紛露出想了解的態度，但對於製作該圖的傳教士而言，此圖想傳達的訊息絕對不只有他們看到的這些。最主要還是要表達，教會傳統的天文學知識，這是一種包含天主之義的天文觀。可以說，《坤輿萬國全圖》就代表了教會傳統的宇宙觀，而接任者則是將輿圖中展示宇宙觀的概念延續下去，使今人可在各種利式輿圖裡讀到不同時期的宇宙觀。

目　次

圖　次

第十一冊　《藥師經》醫療觀之探析

作者簡介

林秀砡，1959 年生，天秤座，台灣省嘉義市人，現居新北市，曾任中華民國奇門學會理事長，國家中醫師檢定考及格，空中大學生活科學系、人文學系畢業，華梵大學東方人文系碩士畢業。

提　要

《藥師經》的經文中，佛說有三種名稱：一是《藥師琉璃光如來本願功德經》，二是《十二神將饒益有情結願神咒》，三是《拔除一切業障》。佛教界常簡稱爲《藥師經》。諸佛、菩薩皆有拔除眾生之業障及救度眾生之願力，也因此願力而成就佛與菩薩之功德與階位。藥師佛依其十二大願力故，以救濟、化度眾生之生理與心理，依眾生之需求而滿足之，並以「法藥」 佛法救人天能成就如藥師佛功德的大悲功德。

《藥師經》中本具的入世濟世精神，以大乘佛法救渡眾生的「意識」形成，成爲修持梵行人入世救渡眾生的最終信念，有其現世存在的客觀條件，促使人們在同理中成就《藥師經》中所言的「十二大願」，即是《藥師經》入世濟世精神。

佛教具出世成就與入世功德，《藥師經》所傳達佛法中己達達人，己利利人的入世大乘佛教精神。入世救濟眾生精神的表達方式眾多，分說《藥師經》的精神所展現現代佛教的醫療活動新象，並兼談宗教之醫療觀。

目　次

圖目次

《左傳》「君子曰」中的君臣之道

鄭惠方　著

作者簡介

鄭惠方，臺灣高雄人，一九八一年生。國立臺灣師範大學國文學系學士，國立清華大學中國文學系碩士。現職為國中國文教師。

提　要

本論文題目為「《左傳》『君子曰』中的君臣之道」，主要是以「君子曰」的視角探究《左傳》中君臣的相關問題。第一章為緒論；第二章以「君與臣上下隸屬關係」為範疇，由「聽與諫」作為切入點，探討君臣在政治互動上該如何取得共衡；第三章以「君與臣對應社稷」為範圍，由「忠」作為切入點，探討君臣實踐「忠」的態度，對應的對象及具體的作為為何；第四章以「君臣對應同僚（同宗）及自身」作為省思，以「讓」與「稱」作為切入點，探討該如何切合禮；第五章將本論文所探討的「君子曰」文句置於歷史脈絡之下檢視，藉以分判所屬的時代思想；第六章則加以總結，君子對「諫」、「忠」、「讓」的褒揚皆落於「人臣」之上，藉以突出「人臣」在《左傳》一書中的價值。在現實政治的情況，人臣的能力雖有所侷限，卻也反映史家在世衰道微，禮樂崩壞的時代背景之下，欲借人臣樹立的懿美風範來重建秩序的美好期盼。

謝　誌

感謝那些在清大的日子，
讓我重回單純愜意的學生生活。
論文譜上了休止符，
但人生的學習沒有停歇。
謝謝你們——「天使，巴萊」，
陪伴我走過一千多個酸甜苦辣的每一天，
讓我有更豐盈的動力，
朝人生的下一站邁進……

感謝師大的劉瑞箏老師，在昔日的我，播下了一顆對《左傳》喜愛的種子，它在我心中醞釀……並在多年後發芽。

感謝清大的簡良如老師，《文心雕龍》課開啓了我們的緣份，站在講台上的您，外表是如此的溫柔婉約，對知識卻有著眞善美的堅持，您嚴謹細膩的爲學態度，深深吸引了我，也是我努力而不可及的嚮往。謝謝您讓我重新認識了「讀書」這件事，也感謝您在我的論文寫作過程中，給予更深入的思考方向及鼓勵。

感謝中興的蔡妙眞老師，和您有種相見恨晚的感覺，在研究所期間，從未修習過《左傳》課，謝謝您毫不猶豫就答應當我的雙指導老師，與您的每一次互動，都是愉悅滿足，宛如沉浸春風的自在。多次的論文初稿裡，有的是您用心批閱的痕跡及貼心的提醒，謝謝您陪我深掘《左傳》的樂趣，並給予我信心與支持。

感謝師大的高秋鳳老師，因爲毓玲的關係，讓我們近幾年都保持聯繫，謝謝您在畢業後給予的關心與溫暖，每當看到《左傳》的相關資料，總不忘與我分享。

感謝季旭昇老師，在師大時，曾修習過您的「古籍導讀」與「訓詁學」，由於您上課幽默風趣，解說清楚，使得我們跳班加簽也要選上課。而多年後，在論文的口考過程中，我彷彿在您渾厚的嗓音裡，又憶起了那個熟悉的上課場景，謝謝您用心的給我每一個具體的建議。

感謝蔡英俊老師，謝謝您在論文口考中給予的鼓勵與包容，您寶貴的建議，讓我發現自己的盲點與不足。

感謝我的麻吉——春慧和韻筑，春慧是全班第一個拿到畢業證書的，在我眼中，妳就像是《三個傻瓜》裡的「蘭徹」，詼諧風趣、富有想法、勇於實踐、盡情的活出人生的充實，謝謝妳以無比的毅力鞭策我論文進度，並提供非常受用的經驗；謝謝妳給我最缺乏的「勇氣」，帶我體驗各種不敢嘗試的事，甚至面對論文寫作的退卻，因爲妳的勉勵而能走到完成的這一步。而韻筑，謝謝妳在我教學分身乏術時，主動地幫我打理論文口考相關事宜，並且給予心靈上的支持與撫慰，很開心我們一起畢業了。那些年，我們一起體驗過刻骨銘心的故事，我的研究生活，因爲有妳們而精彩。

感謝東益，在班上，與你修過的共同課最多，很欣賞你在學習上的謙遜與專注，謝謝你一直扮演著良師益友的角色，爲我每次的期末報告及論文提供寶貴的意見。

感謝則儀，因爲喜歡簡老師的關係讓我們更加熟絡，懷念和妳互傾心事的日子，謝謝妳的照顧、勉勵與經驗分享。

感謝我的研究所夥伴——阿宅、孝柔、阿甘、黛暎、正昀、阿亮、悜忻，你們對學問的投入與熱愛，是鼓舞我上進的動力。

感謝我十幾年的好朋友——姜君，在我論文寫作路上多虧有妳的陪伴、加油和打氣。

感謝我的小書僮——家煌，謝謝你無微不至的體貼，陪我到各大圖書館蒐集資料及讀書，謝謝你的好脾氣，忍受我在論文寫作時的焦躁不安與情緒起伏。

最後，感謝我的姐妹，一路上的支持相挺，還有我的父母，每日以樸實認眞、任勞任怨的態度工作著，給予我生活上的衣食無虞，也給予我自主的空間，讓我能任性的去完成想做的夢。

目次

第一章　緒　論

本論文主題爲「《左傳》『君子曰』中的君臣之道」，第一章爲緒論，又分爲四部份：第一節提出研究動機與問題意識，並爲題目義界及文本說明；第二節文獻回顧，整理現有的學術成果與本論文之關係；第三節說明對「君子曰」的觀察，以爲後來的章節安排張本；第四節爲章節安排。

第一節　研究動機

一、問題意識

《左傳》「君子曰」爲史論之濫觴，開啓了「太史公曰」、「贊曰」、「論曰」的寫作先例，〔註1〕彷佛是作者於時間的長河裡，以宏觀的視野，檢視這些過去的歷史事件及人物，將省思與批判化爲強而有力的警句，在學術史上具有重要之意義。因此若能連綴「君子曰」的文句，對於《左傳》核心思想的掌握雖不中亦不遠矣。

然而後代研究「君子曰」的學者皆是就文本展開論述，卻忘了思考一個更根基、更重要的問題——「君子曰」是基由何種理由而存在的？史家在記

〔註1〕〔唐〕劉知幾撰；〔清〕浦起龍釋：《史通通釋》，卷四，〈論贊第九〉，頁81。（臺北：九思出版，1978年）劉知幾云：「《春秋左氏傳》每有發論，假君子以稱之。二傳云公羊子、穀梁子，《史記》云太史公。既而班固曰贊，荀悅曰論，《東觀》曰序，謝承曰詮，陳壽口評，王隱曰議，何法盛曰述，揚雄曰譔，劉昞曰奏，袁宏、裴子野自顯姓名，皇甫謐、葛洪列其所號。史官所撰，通稱史臣。其名萬殊，其義一揆。必取便於時者，則總歸論贊焉。夫論者，所以辯疑惑、釋凝滯，若愚智共了，固無俟商榷。丘明『君子曰』者，其義實在於斯。」

載史事後，爲何又要假君子之口抒發評論？爲了探討這個問題，得由《左傳》的編纂方式談起。

就傳統經學史看法，《春秋》是經由孔子之手重新消化魯國舊史，進而洗鍊剪裁爲精簡的文字，文字中具有褒貶大義；而《左傳》的編纂及書寫，又以豐富的史料來展現《春秋》的微言大義，〔註 2〕兩者雖同以編年體記事，然

〔註 2〕《左傳》一詞始用於晉人杜預。但《左氏春秋》一書之名最早見於《史記・十二諸侯年表》序：「孔子明王道，干七十餘君，莫能用。故西觀周室，論史記舊聞，興於魯而次春秋。上記隱，下至哀之獲麟。約其辭文，去其煩重，以制義法。王道備，人事浹，七十子之徒，口受其傳指，爲有所刺譏褒諱挹損之文辭，不可以書見也。魯君子左丘明，懼弟子人人異端，各安其意，失其眞，故因孔子史記，具論其語，成《左氏春秋》。」司馬遷在此段話中道出了孔子作《春秋》的動機、所用資料的來源、撰寫《春秋》的原則，以及左丘明作《左氏春秋》的緣起。唯《春秋》是否爲孔子所作？《左傳》又是否爲左丘明所撰寫？至今仍莫衷一是。對於《春秋》的作者，《孟子》、《史記》皆以爲孔子所作，而《左傳》自身的說法見於兩處：一爲〈僖公二十八年〉：「是會也，晉侯召王，以諸侯見，且使王狩。仲尼曰：『以臣召君，不可以訓。』故書曰：『天王狩于河陽。』」劉正浩認爲由「仲尼曰……故書曰……」明確地指出《春秋》爲孔子所修，而李隆獻卻以爲「仲尼曰」涵括於《左氏》議論之中，此處的「仲尼」沒有參與事件，也不算批評的人物，仍可備一說；二爲〈成公十四年〉：「《春秋》之稱，微而顯，志而晦，婉而成章，盡而不汙，懲惡而勸善。非聖人，誰能脩之？」以「聖人」稱修《春秋》之人。雖然後人對《春秋》是否爲孔子所作持反對意見，（如楊伯峻認爲孔子未曾修或作春秋，魯春秋爲其傳授弟子的教本，但此說法爲張以仁駁之）但學界至今未有人能以證據完全否認《春秋》與孔子的關係，因此本文仍持孔子作《春秋》的看法。詳參〔日本〕瀧川龜太郎：《史記會注考證・十二諸侯年表》，卷 14，頁 228。（臺北：文史哲出版社，1997 年，以下簡稱《史記》。本文以下引書，若再次徵引爲同一版本，則逕標頁碼，不復加註）〔漢〕趙岐注；〔宋〕孫奭疏；〔清〕阮元校勘：《孟子注疏・滕文公下》，卷 6，頁 117～118。（臺北：藝文印書館，1993 年，以下簡稱《孟子》）〔晉〕杜預注；〔唐〕孔穎達疏；〔清〕阮元校勘：《左傳注疏》，卷 16，〈僖公二十八年〉，頁 276、卷 27，〈成公十四年〉，頁 465。（臺北：藝文印書館，1993 年，以下簡稱《左傳》）〔民國〕劉正浩：《左海鉤沉》（臺北：東大圖書，1997 年）、〔民國〕李隆獻：〈《左傳》「仲尼曰」敘事芻論〉，頁 34。（收錄於《臺大中文學報，第三十三期，2010 年）〔民國〕楊伯峻：《春秋左傳注》上冊，頁 5～16。（臺北：洪葉文化，2007 年）〔民國〕張以仁：《春秋史論集》，頁 37～55。（臺北：聯經出版社，1990 年）而《左傳》的作者，傳統皆以爲左丘明作，唐代趙匡以後漸生懷疑，有劉歆、吳起作兩種說法，由於本文主要爲分析《左傳》文本，只要在確認「君子曰」爲《左傳》所本有的前提之下，便可進行討論，（詳見本章第二節文獻回顧第一小點）與《左傳》作者的背景及眞實身份關係較小，又避免爭議，故以「史家」稱之。

而《春秋》羅列史事，以齊桓、晉文等諸侯君主爲主囊括時事大要，辭晦事略；相對於《春秋》之略，《左傳》對於事件來龍去脈的記錄，更有豐富的詮釋性，而陳述經文上提及的君王事蹟，本爲其責所在，但必然會旁涉事件的其他人物，這些在經文之外「歧出的人物」，諸如君王之妻妾、臣子，抑或名不見經傳的小人物，卻也賦予了《左傳》遊刃有餘的彈性，能藉由性格、情境、對話、互動的鋪陳，有選擇性的驅使材料，靈活地夾雜於解釋《春秋》經文之內。除此，若《左傳》僅是思考著如何將辭晦事略的《春秋》「懲惡而勸善」〔註3〕之精神昭彰於世人，那麼，身爲一個史家的本份，詳盡的記載史事說明事件本末即可，但其又以「君子曰」的姿態出現，彷彿是刻意在經文的框架之外，欲假君子之言，增添其主觀的評議。而由於「君子曰」文句的出現往往置於某件史事之後，史家針對該則史事的「人」或「事」予以褒貶，因此，經文上提及的君王事蹟以及經文外「歧出的人物」如何書寫，材料如何駕馭，與「君子曰」的評議導向何處，能否隨史家之心所欲便息息相關。

承上，本文認爲：《左傳》在「內容取材」及「君子曰」二方面具有展現自我價値判斷的空間，即能以史家的視野出發，靈活地選擇材料詮釋《春秋》經文，並在「君子曰」文句的書寫上具有選擇、主導性，換言之，史家運用了「內容取材」及「君子曰」的雙重策略，有意影響讀者的思維及價値判斷，也因此「君子曰」文句的駐足並非是任意隨機，而是展現了史家的關懷，只是其關懷的對象及重心爲何？正是本文欲探討的。

據本文對「君子曰」之觀察，〔註4〕「君子曰」對「臣」的評議及期許雖然重於「君」，然而「君」、「臣」是「上」、「下」相對的概念，「臣」之爲「臣」，必然有其效忠服務的對象——即「君」，因此「君臣關係」必須擺在一起談論，方具完整性。因此本文試圖連綴「君子曰」之文句，對應其褒貶，以探究《左傳》對於君臣之道的看法，並呈現其在《左傳》一書的定位及價値。

〔註 3〕《左傳・成公十四年》，卷 27，頁 465。

〔註 4〕見本章第三節，所指的觀察有四點：一、評議對象多以「臣」爲主；二、對「君」多褒貶互參，對「臣」多純然的褒揚；三、對「臣」有高標準的期待；四、「國之幹」與「民之主」指「臣」。

二、題目義界及文本說明

（一）題目義界

1. 君子曰

《左傳》於記載某人某事後，所下的評論文字，性質似史書的「論」、「贊」，目的在於「辯疑惑，釋凝滯」，〔註5〕爲探討之便，歷來學者統稱爲「君子曰」。「君子曰」的出現形式大致可分爲「君子曰」、「君子謂」、「君子是以知」、「君子以爲」、「君子以……爲……」、「君子以」等，除了措辭語氣上的不同，實質上是一樣的。〔註6〕

本文分析的範疇主要以「君子曰」的文句爲主，但爲避免以偏概全或失眞，亦將對照《左傳》聖賢重言〔註7〕——「○○曰」，例如仲尼（孔子）曰〔註8〕等及其他原文，作爲參證的材料。

2. 君臣

在春秋的宗法制度中，政治組織關係爲「天子——諸侯——卿（大夫）〔註9〕——士」，《左傳》中可見到最直接的證據〔註10〕爲〈桓公二年〉昭

〔註5〕同註1。

〔註6〕見〔民國〕鄭良樹：〈論左傳「君子曰」非後人所附益〉收於《竹簡帛書論文集》，頁344。（臺北：學海出版，1994年）相同的看法亦見於〔民國〕張以仁：〈關於左傳「君子曰」的一些問題〉，收於《孔孟月刊》，頁29，3卷2期，1964年。

〔註7〕〔清〕郭慶藩主編；〔民國〕王孝魚整理：《莊子集釋》，頁947：「寓言十九，重言十七，卮言日出，和以天倪。」《疏》：「重言，長老鄉閭尊重者也。老人之言，猶十信其七也。」《釋文》：「重言謂爲人所重者之言也。」（臺北：萬卷樓，1993年）

〔註8〕「仲尼（孔子）曰」在《左傳》中的層次有二：一是孔子爲《左傳》中敘事的人物，直接參與於史事之中；二爲承接在史事之後，以「仲尼（孔子）曰」針對該則史事予以褒貶。本文欲探討的是似「君子曰」的評議文字，因此以後者爲主。此外，本文旨在藉著「君子曰」的文句討論《左傳》中的君臣之道，「仲尼曰」僅爲輔助、佐證，限於篇幅，對「仲尼曰」的思想或未能深究，讀者不妨詳參李隆獻〈《左傳》「仲尼曰」敘事芻論〉一文的討論。李隆獻認爲《左傳》敘事與「仲尼曰」在思想、價值上具有一致性；然而觀點、立場不全同於《左傳》，此外，《左傳》除了有「以史爲諫」的敘事目的，更以較客觀、超然的高度並列「君子曰」、「仲尼曰」或其他賢者之語、鋪敘史事，呈現出經、史、子渾融一體的經世風貌。

〔註9〕「卿」在《左傳》中或稱「卿」，或稱「大夫」、「卿大夫」、「家」。

〔註10〕師服及師曠皆爲晉大夫，當時制度由時人之口道出，具可信度。

侯伯封桓叔於曲沃，師服對「曲沃邑大於翼」〔註 11〕有感而發之語：

> 師服曰：「……天子建國，諸侯立家，卿置側室，大夫有貳宗，士有隸子弟，庶人工商，各有分親，皆有等衰。……」〔註 12〕

及〈襄公十四年〉師曠回應晉侯「衛人出其君」時提及：

> （師曠）對曰：「……是故天子有公，諸侯有卿，卿置側室，大夫有貳宗，士有朋友，庶人、工、商、阜、隸、牧、圉皆有親暱，以相輔佐也。」〔註 13〕

間接證據則見於《左傳》行文時，敘寫時人之禮，亦是按宗法制度依序羅列：

例如：〈隱公元年〉提及葬禮：

> 天子七月而葬，同軌畢至，諸侯五月，同盟至，大夫三月，同位至，士踰月，外姻至。〔註 14〕

又〈隱公五年〉魯桓公之母（仲子）宗廟落成，隱公問眾仲執羽舞的人數：

> 九月，考仲子之宮將萬焉，公問羽數於眾仲，對曰：「天子用八，諸侯用六，大夫四，士二。夫舞，所以節八音，而行八風，故自八以下。」公從之，於是初獻六羽，始用六佾。〔註 15〕

楊寬《西周史》對當時的宗法制度有更清楚的解釋：

> 按照宗法制度，周王自稱天子，王位由嫡長子繼承，稱爲天下的大宗，是同姓貴族的最高族長。又是天下政治上的共主，掌有統治天下的權力。天子的眾子或者分封爲諸侯，君位也由嫡長子繼承，對天子爲小宗，在本國爲大宗，是國內同宗貴族的大族長，又是本國政治上的共主，掌有統治封國的權力。諸侯的眾子或者分封爲卿大夫，也由嫡長子繼承，對諸侯爲小宗，在本家爲大宗，世襲官職，並掌有統治封邑的權力。卿大夫也還分出有「側室」或「貳宗」。在各級貴族組織中，這些世襲的嫡長子，稱爲「宗子」或「宗主」，

〔註 11〕詳參《史記·晉世家第九》，卷 39，頁 607。「文侯仇卒，子昭侯伯立，昭侯元年，封文侯弟成師于曲沃，曲沃邑大於翼，翼，晉君都邑也。成師封曲沃，號爲桓叔，靖侯庶孫欒賓相桓叔，桓叔，是時年五十八矣，好德，晉國之眾皆附焉。君子曰：『晉之亂，其在曲沃矣，末大於本，而得民心，不亂何待。』」

〔註 12〕《左傳·桓公二年》，卷 5，頁 97。

〔註 13〕《左傳·襄公十四年》，卷 32，頁 562。

〔註 14〕《左傳·隱公元年》，卷 2，頁 38。

〔註 15〕《左傳·隱公五年》，卷 3，頁 61～62。（註 12～15，底線皆爲筆者所加）

以貴族的族長身分，代表本族，掌握政權，成爲各級政權的首長。〔註16〕

以父系血緣關係爲基礎建立的宗法制度，「大宗」與「小宗」即「君」與「臣」的關係，是一個「上」、「下」相對的概念。周天子之於諸侯，是君臣關係；諸侯之於卿大夫、卿大夫之於士，亦是君臣關係，因此「周天子——諸侯——卿（大夫）——士」的彼此君臣關係，皆在本文討論的範疇之內。

（二）文本說明

本文研究之範圍爲《左傳》一書，原典資料以〔晉〕杜預集解；〔唐〕孔穎達疏；〔清〕阮元校勘：《左傳注疏》〔註17〕爲主，並參酌〔民國〕楊伯峻：《春秋左傳注》〔註18〕及〔日本〕竹添光鴻：《左傳會箋》〔註19〕之注疏。《左傳注疏》年代較早且有詳細之注疏；楊氏之《春秋左傳注》對左氏《春秋》經、傳作詳細校勘、分段、注釋，並吸收前人研究成果及近代考古資料；竹添氏則以最早的《左傳》版本——隋唐舊鈔本，參之石經與宋本以校正杜預《注》之謬誤，此三書對於理解傳文，皆有莫大的助益。

第二節　文獻回顧

坊間有關《左傳》的文獻資料可謂汗牛充棟，就本論文主題相關的「君子曰」而言，內容著重於分析「君子曰」之文句，對象則聚焦於「君」與「臣」的角色上，因此文獻回顧以「君子曰」及「禮」中的「人倫」（君臣關係）爲主，並延伸至與本文相關的「辭令」（對內諫說）、〔註20〕「忠」、「讓」、「刑」以及時代思想判定等相關問題，範圍則以學位論文、升等論文、專著爲主，期刊論文則隨文引用。

〔註16〕〔民國〕楊寬：《西周史》第三編：第六章〈西周春秋的宗法制度和貴族組織〉，頁403。（臺北：臺灣商務，1999年）

〔註17〕爲〔清〕嘉慶二十年江西南昌府學開雕之重刊宋本。（臺北：藝文印書館，1993年）

〔註18〕臺北：洪葉文化，2007年。

〔註19〕臺北：天工書局，1998年。

〔註20〕據沈玉成、劉寧的研究：《左傳》中的辭令分爲對內諫說及對外外交辭令兩種。見〔民國〕沈玉成、劉寧：《春秋左傳學史稿》，頁100。（南京：江蘇古籍出版社，1992年）本文主要探討爲君臣關係，因此文獻回顧以「對內諫說」爲主。

一、探討《左傳》「君子曰」的相關文獻

在探討「君子曰」內容相關問題之前，最重要的是確立「君子曰」的文句爲《左傳》本有抑或後人所附益，即確認「君子曰」的眞僞後，才有進一步探討的可能。而此問題點起源於眾家對《史記》說法持有爭議。《史記・十二諸侯年表》序：

> 魯君子左丘明，懼弟子人人異端，各安其意，失其眞，故因孔子史記，具論其語，成《左氏春秋》。〔註21〕

因《史記》以「魯君子」稱左丘明，使人聯想到《左傳》的「君子曰」便是作者（左丘明）本身，其後，學者對於「君子曰」的作者爲誰，產生了紛歧的意見，而多半的研究方式是針對該條傳文確認作者的身份。例如〔晉〕杜預認爲是時人或作者（左丘明）；〔唐〕孔穎達認爲可能是時人、仲尼、左丘明或作者引用；〔晉〕范曄、〔隋〕魏澹認爲是作者（左丘明）。然而不管是延續何種說法，沒有人將「君子曰」剔除於《左傳》之外，認爲其與《左傳》作者無關。直至〔宋〕林黃中始謂「君子曰」爲劉歆之辭，〔宋〕朱熹、〔清〕劉逢祿、皮錫瑞、崔適等人皆附會之，「君子曰」爲劉歆僞造之說甚囂塵上，而其後〔清〕劉師培、〔民國〕錢穆、〔民國〕楊向奎皆提出有力反駁，舉證說明《左傳》「君子曰」爲原來所有，並非後人所能隨意附益的，〔民國〕鄭良樹又延續此說法，舉出六類證據：一、先秦古籍引及《左傳》「君子曰」；二、《左傳》「君子曰」引逸《詩》、逸《書》；三、《左傳》「君子曰」語有重複；四、《左傳》「君子曰」異於《國語》「君子曰」；五、《左傳》有「君子曰」猶《國語》之有「君子曰」；六、西漢學者見及《左傳》「君子曰」，至此，「君子曰」文句非劉歆所能附益幾乎已成定案，而往後的學者方能在這個基礎點繼續探討「君子曰」的內涵。〔註22〕例如：

〔註21〕《史記・十二諸侯年表》序，卷14，頁228。

〔註22〕以上資料分別參見〔清〕劉師培：〈讀左劄記〉、〈春秋左氏傳古例詮微〉、〈周季諸子述左傳考〉、〈司馬遷左傳義序例〉、〈左氏學行於西漢考〉，收入錢玄同編：《劉申叔先生遺書》（臺北：華世出版社，1975年）、〔民國〕錢穆：〈劉向歆父子年譜〉，收入《兩漢經學今古文平議》（臺北：東大圖書公司，1978年）、〔民國〕楊向奎：《中國古代社會與古代思想研究》，頁304。（上海：人民出版社，1962年）、〔民國〕張以仁：〈關於《左傳》君子曰的一些問題〉（收入《孔孟月刊》，第3卷第3期，頁29，1964年）、〔民國〕龔慧治：《左傳「君子曰」問題研究》（國立臺灣大學碩士論文，1988年）、〔民國〕鄭良樹：〈論《左傳》君子曰非後人所附益〉、〈再論《左傳》君子曰非後人所附益〉收錄

盧心懋：《左傳君子日研究》將「君子曰」引用的形式分爲「直接引述」及「間接引述」，並將「君子曰」評論的內容，分爲解經、預言、爲政之道、爲君之道、爲臣之道、交鄰國之道及論禮、義、信、仁孝、自處之道，其後表明「君子曰」立場在於獎善黜惡及求全責備。〔註23〕

葉文信：《左傳君子日考述》〔註24〕除了整理各家對君子身份的說法與「君子曰」的形式，並將「君子曰」之作用及內容分爲：闡釋微言、褒獎良善、貶絕過惡、推求因果、預言禍福、發明《傳》義、寄託感慨及彌補闕漏，最後提出「君子曰」的中心思想爲：禮、讓、義、信、民本及官人之道。

此兩本碩論年代較早，在「君子曰」的形式及內容分類上著力較深，然而對於「君子曰」的思想僅以舉隅的方式點到爲止，而本文期許自己能用更細膩的分析去處理文本，例如討論「忠」的意涵，除了分析「君子曰」的文句，也應處理《左傳》與「忠」相關的字眼、文句及思想，避免以「君子曰」的內容或單例以偏概全。此外，盧氏及葉氏皆將「禮」與其他德目平行討論，但本文認爲「禮」應是統攝所有德目的，即「讓」、「忠」之道……皆在「禮」的範疇之內，〔註25〕只是它們分屬「禮」的哪個位置？所談的對象爲何？以及《左傳》對此的討論及看法，將是本文欲著眼的內容。

此外，張高評於《左傳之文韜》一書中專闢一章談〈左傳史論之風格與作用〉，〔註26〕此章在認同《左傳》史論爲原書所本有的前提之下，將史論的風格分爲作者抒論、聖賢重言及經義闡釋，作用分爲褒美、貶刺、預言、推因、發明、辨惑、示例、補遺、寄慨、載道。其中「聖賢重言」部份啓發本文應將「仲尼」等人的評論列入討論，除此，本文更進一步地將張氏所提及的「褒美」與「貶刺」具體地探討其對象及內容。

李隆獻於〈《左傳》「仲尼曰」敘事芻論〉〔註27〕探討「仲尼曰」的敘事

於《竹簡帛書論文集》（臺北：學海出版社，1994年）、〔民國〕葉文信：《左傳「君子曰」考述》（國立臺灣師範大學碩士論文，1999年）、〔民國〕黃翠芬：〈左傳「君子曰」考詮〉（朝陽學報，頁89～105，1996年）。

〔註23〕國立政治大學碩士論文，1986年。

〔註24〕國立臺灣師範大學碩士論文，1999年。

〔註25〕關於此點看法，乃是分析《左傳》的文句而來。《左傳》裡言：「孝，禮之主也」、「讓，禮之主也」、「卑讓，禮之宗也」、「忠信，禮之器也」，可見「孝」、「讓」、「忠信」並非與「禮」並列，而是分屬於「禮」的某個位置。

〔註26〕見〔民國〕張高評：《左傳之文韜》，頁93～151。（臺北：麗文文化，1994年）

〔註27〕《臺大中文學報》，第33期，2010年12月，頁91～138。

觀點及立場，對於本文分析「君子曰」有輔助、佐證的效用，而其對「洩冶、鮑牽」諫的探討以及對「仲尼曰」出現的意義，皆有助於啓發本文。

而吳智雄亦有三篇期刊論文與「君子曰」相關：〈論左傳「君子曰」的道德意識——兼論「君子曰」的春秋書法觀念〉、〈論左傳「君子曰」中的禮〉、〈論左傳「君子曰」的政治思想〉。〔註28〕尤其後兩篇論及「讓」與「忠」，與本文所討論的主題有重合之處，但爲了行文方便，將與後節文獻回顧一併探討。

二、探討《左傳》禮、刑的相關文獻

范甯在《穀梁傳》序引鄭玄《六藝論》曰：「左氏善於禮，公羊善於讖，穀梁善於經。」〔註29〕據楊伯峻統計：《左傳》「禮」字一共講了 462 次，〔註30〕而據吳智雄統計：「君子曰」中的「禮」字共出現 39 次，〔註31〕楊氏及吳氏皆藉著強調「禮」字出現的頻率來反映《左傳》及「君子曰」重禮的思想。〔註32〕而「禮」的範疇包涵甚廣，舉凡典章制度（政治、軍事、社會）、人倫關係（君臣、父子、夫婦、兄弟、朋友）都離不開「禮」，而這些又常與「忠」、「孝」、「敬」、「信」、仁」、「讓」……等德目息息相關，此外，《左傳》雖主張禮治，但並不排斥「以刑治國」，因此有諸多對「刑」的探討，而本小節將針對與此相關的文獻作綜合的回顧。

（一）論及「君臣關係」之文獻

劉瑞筝先生：《左傳禮意研究》〔註33〕就大範圍地整理、分類與「禮」旁

〔註28〕吳智雄的三篇論文分別見於《國文學誌》第八期，頁 377～395，2004 年、《國文學報》第三期，頁 217～234，2005 年、《孔仲溫教授逝世五週年紀念文集》，頁 391～440。（臺北：學生書局，2006 年）

〔註29〕〔晉〕范甯集解；〔唐〕楊士勛疏；〔清〕阮元校勘：《春秋穀梁傳注疏》，頁 3。（臺北：藝文印書館，1993 年）

〔註30〕楊伯峻：「春秋時代重視『禮』，『禮』包括禮儀、禮制、禮器等，卻很少講『仁』。我把《左傳》『禮』字統計一下，一共講了 462 次；另外還有『禮食』一次，『禮書』、『禮經』各一次，『禮秩』一次，『禮義』三次。但講『仁』不過 33 次，少於講『禮』的至 429 次之多，並且把禮提到最高地位。」見《論語譯注・試論孔子》，頁 16。（香港：中華書局，1999 年）

〔註31〕見〈論左傳「君子曰」的禮〉，頁 221。（《國文學報》第三期，2005 年）

〔註32〕意指相較於其他典籍，《左傳》及「君子曰」出現「禮」字較爲頻繁，其重禮的思想可見一斑。

〔註33〕國立臺灣師範大學博士論文，1998 年。

涉的「人倫」、「軍事」及「樂舞」相關的內容。在「人倫」的「君臣關係」上，以平行的方式討論「君」與「臣」應盡的職責，分別爲「昭德塞違」、「親賢惠民」及「忠貞盡職」、「以德輔君」。而本文以「君子曰」的觀察爲基礎，欲呈現的是「君子曰」對「君道」與「臣道」的看法有輕重之殊，《左傳》對「臣道」較「君道」有更嚴格的規定及較深的期待，並藉此突出臣的價值。

王乃俐：《左傳論禮》〔註 34〕亦論及「君臣之禮」，例如天子對王臣之禮爲錫命、賜胙、賜田邑、喪事之慰問；諸侯對天子之禮爲朝聘、貢賦，所探討的君臣之道以「制度」方面爲主，與本文欲探討的方向有別。

李小平：《左傳晉國稱霸君臣言行探討》、〔註 35〕忻婉菁：《左傳鄭、宋名臣形象研究》〔註 36〕則縮小範圍探討某特定國家的「君臣關係」。李小平以「晉國」爲觀察範圍，分別整理「善諫」、「善謀」、「義烈」、「汰暴」、「謙讓」的臣子形象，對於君臣之間的道德情操——「直」、「怒」、「柔」、「智」、「憂懼」、「生死」也多能有所觀察；忻婉菁則以「鄭國」、「宋國」爲觀察範疇，由「人格特質」、「外交政策」、「內政措施」、「軍事戰略」比較其名臣形象的異同。然而對於特定區域的君臣關係探討固可瞭解該區域的政治現象，但是否能與《左傳》的整體君臣關係畫上等號，還有待存疑。因此本文是以「君子曰」的視角切入，企圖打破國家的界線，將君臣關係做綜合的探討。

（二）論及「諫」、「忠」、「讓」之文獻

陳致宏：〈左傳敘「諫」析論〉〔註 37〕裡由敘事角度及言語交際角度討論《左傳》之「諫」，歸納《左傳》敘諫計 46 例：6 例無關成敗，7 例成功，其餘 31 例皆爲失敗之例，其敘諫主要有「將——諫」、「諫——弗聽（從）」及「將許——諫——從之」三種主要模式，前二者多見於失敗之諫，後者用以敘述成功之諫，本文的觀察與之不謀而合，但陳氏所歸納的「諫」例，是《左傳》行文中有明顯的「諫」字，然而《左傳》卻常有不以「諫」字但有「諫」之意的例子，諸如：〈僖公四年〉的「晉獻公立驪姬爲夫人」、〔註 38〕〈僖公

〔註 34〕國立中興大學碩士論文，2007 年。

〔註 35〕國立政治大學博士論文，1990 年。

〔註 36〕國立政治大學碩士論文，2002 年。

〔註 37〕《興大中文學報》，第 25 期，頁 85～104，2009 年。

〔註 38〕《左傳・僖公四年》，卷 12，頁 203～204。「初，晉獻公欲以驪姬爲夫人，卜之，不吉；筮之，吉，公曰：『從筮。』卜人曰：『筮短龜長，不如從長。且其繇曰：『專之渝，攘公之羭。一薰一蕕，十年尚猶有臭。』必不可。』弗聽。」

三十二年〉的「蹇叔哭師」，〔註39〕本文除了將「諫」的範圍擴大，並接續探討這個現象背後的意義：《左傳》記事重因果關係，政事的成敗常是影響史家褒貶的關鍵，藉由檢討人物的得失，有讓世人記取前車之鑑的用心。

趙啓迪：《春秋戰國時期的諫諍制度》〔註40〕裡有對春秋戰國的諫官考證，其對本文第二章第一小節「勸諫之任在於『臣』」之想法有啓發的作用。

吳智雄：〈論左傳「君子曰」的政治思想〉、〔註41〕王聰明：《左傳人文思想研究》、〔註42〕與蔡師妙眞：〈變焦鏡頭——由「忠」論述談左傳價值辯證手法〉、〔註43〕同樣都提及「忠」的思想。吳氏強調的「忠」爲對「國君」的忠心與忠行，未能眞正含括《左傳》「忠」的思想；王氏提及「忠」爲「君」與「臣、民」雙向的政治倫理，有別於後世強調「忠」爲「臣、民」對「君」的責任，本文的觀察與之一致，然而早期論文因資訊不發達，檢索資料及參看其他學者的研究成果受到侷限，篇幅較爲短小而議題也未能充份發揮；而蔡師妙眞認爲《左傳》以「社稷爲主」的民本觀念爲封建君臣「隸屬」關係解套，對忠或不忠的評判，就容易回歸「任事態度」的檢驗，而非「服事一人」的行爲約束，其辯證及思考的角度帶予本文極大的啓發。

吳智雄：〈論左傳「君子曰」中的禮〉、盧心懋：〈論《左傳》所見之「讓」德〉〔註44〕皆以「讓」爲核心展開論述，吳氏指出「讓」爲禮之重要精神；而盧氏以「國家」與「個人」兩個層面談「諸侯卑讓以事大」、「個人謙讓以自處」、「讓以致和克敵」，在「讓賢」部份，與本文討論者有重合之處，可作爲參看，但在本文欲談的「讓出王位」部份並未涉及，本文是將「君子曰」

文中雖僅提及卜人「曰」，然實有「諫」之意，而晉獻公「弗聽」，立驪姬爲夫人的結果，確爲晉國埋下內亂的伏筆。

〔註39〕《左傳・僖公三十二年》，卷17，頁288。「杞子自鄭使告于秦曰：『鄭人使我掌其北門之管，若潛師以來，國可得也。』穆公訪諸蹇叔，蹇叔曰：『勞師以襲遠，非所聞也。師勞力竭，遠主備之，無乃不可乎？師之所爲，鄭必知之，勤而無所，必有悖心。且行千里，其誰不知？』公辭焉。」文句蹇叔向穆公提出建議，以「師勞力竭」與「且行千里，其誰不知」預見秦軍之敗，雖只用了「曰」字，實含有「諫」之意，穆公的「辭焉」，亦造成殽之戰的失敗。

〔註40〕吉林大學歷史學碩士論文，2008年。

〔註41〕收錄於《孔仲溫教授逝世五週年紀念文集》，頁391～440。

〔註42〕國立臺灣師範大學碩士論文，1986年。

〔註43〕《興大中文學報》，第21期，頁227～251，2007年。

〔註44〕收入《慶祝周一田先生七秩誕辰論文集》，頁181～199。（臺北：萬卷樓，2003年）

之讓分為「讓出王位」及「讓出上位」，並進而辨析「三讓」之別。〔註45〕

（三）論及「刑」之文獻

張端穗：《左傳思想探微》一書中的第四章〈左傳對禮與刑的看法及其意義〉、〔註46〕〈《公羊傳》與《穀梁傳》親親觀比較研究——以君子對待世子、母弟之道為探索焦點〉〔註47〕以及季旭昇先生的〈從新出戰國材料看孔子的政刑思想——以《上博三・仲弓》「宥過舉罪」為例〉〔註48〕對於本文探討與「刑」相關的內容及辯證「君子曰」中「刑」的思想根源，皆有莫大的裨益。

三、其他與《左傳》思想的相關文獻

佐藤將之：《中國古代的「忠」論研究》、〔註49〕張端穗：〈《公羊傳》與《穀梁傳》親親觀比較研究——以君子對待世子、母弟之道為探索焦點〉、〔註50〕朱賜麟：《曹劌之陣思想研究——及其在春秋兵學思想史上的意義》〔註51〕分別將「忠」、「刑罰」、「戰事」置於春秋戰國的脈絡下檢視其演變，其研究成果對於本文第五章判斷時代思想價值有奠基的作用。

綜上所述，探討與「君子曰」相關的論文，計有三本：盧心懋的《左傳君子曰研究》、龔慧治《左傳「君子曰」問題研究》及葉文信《左傳「君子曰」考述》，因其年代較早，所著墨的重點多為外緣問題，例如作者的眞僞、形式、數量，對於「君子曰」的思想雖能掌握，但卻都篇幅短小，發揮有限，而「君子曰」貴為史論之濫觴，從2000年後竟再無以「君子曰」為題的論文，甚為可惜。而探討與「君臣關係」相關的文獻，或僅將「君臣關係」視為禮的一環，著重禮制；或以特定國家作為討論，未必能與《左傳》的君臣關係對等。此外，探討與「諫」、「忠」、「讓」相關的文獻，因多為期刊論文，或受限於篇幅，對《左傳》無法全面地爬梳，提出較周全的看法。因此，本文以「《左傳》『君子曰』中的君臣之道」為題，以期能提供《左傳》研究的新視野。

〔註45〕「君子曰」評論之「三讓」所指為宋宣公、范宣子與管仲之讓，其內涵各異，詳見本文第四章第一節之討論。

〔註46〕詳參《左傳思想探微》，頁133～199。

〔註47〕東海大學文學院學報，第50卷，2009年7月，頁1～46。

〔註48〕收錄於慶祝黃天成教授九十壽誕論文集，頁1～13。（此論文為未刊稿）

〔註49〕臺北：臺灣大學出版中心，2011年。

〔註50〕同註47。

〔註51〕國立臺灣師範大學，國文學系在職進修班碩士論文，2006年。

第三節　對「君子曰」的觀察

在進入章節安排前，本文試著由「君子曰」的角度，提出下列幾點觀察：

一、評議對象多以「臣」爲主

《孟子》曾提及：「《春秋》其事則齊桓、晉文」，〔註 52〕舉齊桓、晉文兩霸主代指當時諸侯君主，尤以春秋五霸〔註 53〕的活動爲主，記其事以囊括時事大要，因所記之事以諸侯君主爲主，所關注的焦點亦在此。然而，誠如前文所言，「君子曰」的褒貶評論若有其思想上的主動及選擇，必然不會隨意駐足於史事、人物之後，而是針對關懷的對象而發聲，那麼，其關懷的對象及重心爲何？觀察《左傳》「君子曰」的系統，並未針對齊桓公、宋襄公、楚莊王之事而發聲，在五霸中，「君子曰」僅對「晉文公」提出一則評議；〔註 54〕「秦穆公」提出三則評議。〔註 55〕除此，若加上對其他諸侯君主的評論，並未能構成「君子曰」所評議對象的大宗。那麼，《左傳》所關懷的重心，除了「君王」，似乎另有其他。

就「君」與「臣」的比例關係，概略的統計而言，《左傳》在涉及「君子

〔註 52〕《孟子‧離婁下》卷 8，頁 146。

〔註 53〕「春秋五霸」究竟是哪五霸？據謝育娟的研究：歷來眾說紛紜，根據學者們的說法，至少有十多種組合，更有多達二十人被列爲五霸的人選。但以「齊桓、晉文、宋襄、秦穆、楚莊」爲五霸，是歷來最爲學者認同，且視爲通說，趙岐的《孟子注》、杜預的《春秋經傳集解》、司馬貞的《史記索隱》均認同此說，而班固的《白虎通義》關於「五霸」三說中亦有此一說。關於春秋五霸的界定，相關討論詳見〔民國〕謝育娟：《從春秋五霸之事論《春秋》之道名份》，頁 10～14。（國立臺灣師範大學碩士論文，2006 年）

〔註 54〕若加上「仲尼曰」則爲兩則評議。見於《左傳‧僖公二十八年》，卷 16，頁 276：「君子謂文公其能刑矣，三罪而民服。《詩》云：『惠此中國，以綏四方。』不失賞刑之謂也。」此言晉文公於城濮之戰時，能對犯軍紀的顛頡、祁瞞、舟之僑三人處置，並分別徇於師、諸侯、國，民於是大服，因此《左傳》稱其爲「能刑」。同年，晉侯召王，以諸侯見，且使王狩，仲尼曰：「以臣召君，不可以訓。」解釋了《春秋》爲何書「天王狩于河陽」之因。

〔註 55〕一則言穆公能任用孟明及子桑，因此能在殽之戰中一舉成爲霸主，「君子曰」稱其「舉人之周也，與人之壹也」；一則言穆公以秦之三良爲殉，「君子曰」斥責其「奪之善人」，此兩則一褒一貶，對於「人才的用、廢」是《左傳》分判秦穆公是否能爲君（盟主）之標準。另一則言楚人滅江國，穆公爲之降服，有自懼之心。此三則分別見於前揭書〈文公三年〉卷 18，頁 305；〈文公六年〉卷 19 上，頁 314；〈文公四年〉卷 18，頁 306。

曰」的評論之中，發聲的對象多以「臣」爲主，而非「君」。〔註56〕與《春秋》原文相較，又可觀察到一點：這些「臣」因爲「君子曰」評論的關係，大大的提升了其地位，與其相關的史事，也爲後世的典籍所廣泛徵引、討論。例如：《春秋・宣公九年》僅記載：

> 陳殺其大夫洩冶。〔註57〕

但《左傳》卻補足了一段洩冶的直諫形象：

> 陳靈公與孔寧、儀行父通於夏姬，皆衷其衵服，以戲於朝。洩冶諫曰：「公卿宣淫，民無效焉，且聞不令。君其納之！」公曰：「吾能改矣。」公告二子，二子請殺之，公弗禁，遂殺洩冶。孔子曰：「詩云：『民之多辟，無自立辟。』其洩冶之謂乎！」〔註58〕

《左傳》補敘這段事蹟，使洩冶的人物形象躍然紙上，以「內容取材」及「君子曰」的雙重策略，突顯人臣在無道亂世中進退該如何自處的問題，而往後的典籍，如《韓非子》、〔註59〕《說苑》〔註60〕裡皆有與洩冶相關的諫的討論。

從另個角度來說：在《左傳》中，提及的臣子，有些是爲了順應著鋪述史事需要而連帶提及，給予讀者的感覺如同過眼雲煙、倏忽即逝；有些卻是極力以情境、對話、事蹟的鋪陳，人物的形象不但鮮明，而且「君子曰」的評論似乎有意引導讀者爲此人物多些駐足與思索。相形之下，後者確有可探討的價值與意義。

〔註56〕「君」與「臣」是「上」、「下」相對的概念。本文所探討的君臣關係，包括「天子——諸侯——卿（大夫）——士」各層間的君臣關係。（理由詳見本章第一節第二點「題目義界」之說明）

〔註57〕《左傳・宣公九年》，卷22，頁380。

〔註58〕同前揭書。

〔註59〕《韓非子・說疑》：「若夫關龍逢、王子比干、隨季梁、陳泄冶、楚申胥、吳子胥，此六人者，皆疾爭強諫以勝其君。言聽事行，則如師徒之勢；一言而不聽，一事而不行，則陵其主以語，從之以威，雖身死家破，要領不屬，手足異處，不難爲也。如此臣者，先古聖王皆不能忍也，當今之時，將安用之？」（〔清〕王先慎撰；〔民國〕：鍾哲點校：《韓非子集解》，卷第17，〈說疑〉第44，頁402～403。北京：中華書局，2003年）

〔註60〕《說苑疏證・正諫》：「夫不諫則危君，固諫則危身，與其危君，寧危身，危身而終不用，則諫亦無功矣。智者度君權時，調其緩急而處其宜，上不敢危君，下不以危身，故在國而國不危，在身而身不殆。昔陳靈公不聽泄冶之諫而殺之，曹羈三諫曹君不聽而去，春秋序義雖俱賢而曹羈合禮。」（〔民國〕趙善詒：《說苑疏證》，頁239，臺北：文史哲出版，1986年）

二、對「君」多褒貶互參，對「臣」多純然的褒揚

就本文概略的統計觀察：在《左傳》中，對於「君」的評議，經常同一個對象不是「貶」就是有「褒貶相參」的現象。〔註 61〕前者如稱陳桓公「長惡不悛，從自及也」、〔註 62〕稱周桓王不能「秉恕而行之」、〔註 63〕稱楚成王「非禮也。婦人送迎不出門，見兄弟不踰閾，戎事不邇女器」〔註 64〕……；後者如稱鄭莊公「正矣」、「有禮」，又稱其「失政刑矣」，〔註 65〕且與周平王交換人質，但實質上則是「信不由中，質無益也」；〔註 66〕稱秦穆公「舉人之周也，與人之壹也」，有「自懼之心」，又稱其「不爲盟主也宜哉」；〔註 67〕稱晉文公「能刑矣」，〔註 68〕亦書寫其霸王之風，然亦不隱諱的書寫其「怒」〔註 69〕及「野心」。〔註 70〕

相較於對「臣」的評議，同個對象，雖然仍有褒貶互參的情況，例如：評論「季文子」有四處：一則言吳伐郯，季文子認爲蠻夷進攻中原，緣於霸主不善，君子曰其「知懼」；一則言其奪穆姜之棺與頌琴以爲齊姜下葬用，虧姑以成婦，逆莫大焉，因此謂其「不哲」；一則言季文子不使魯襄公終其生母

〔註 61〕此指的褒貶相參的現象，雖以觀察「君子曰」的評論爲主，但仍需參看《左傳》其他部份原文，方不致於以偏概全。

〔註 62〕《左傳・隱公六年》，卷 4，頁 70～71。言陳桓公不「親仁善鄰」，以致於爲鄭國所侵。

〔註 63〕《左傳・隱公十一年》，卷 4，頁 82。言周桓王以己不能有者與鄭莊公爲失恕道矣。

〔註 64〕《左傳・僖公二十二年》，卷 15，頁 249。言楚成王使師縉以俘馘近婦人，非禮也。

〔註 65〕「正矣」言鄭莊公能以王命討不庭，不貪其土，以勞王爵；「有禮」言鄭莊公因許國無刑（法度）而伐之，服而舍之，度德而之，量力而行之，相時而動，無累後人；「失政刑矣」言子都因私怨射傷潁考叔，以致墜馬而死，但鄭莊公以祭神詛咒方式平息眾怒，不願對寵幸的子都加刑，因此《左傳》稱其「失政刑也」。此三則「君子曰」分別見於前揭書，卷 4，〈隱公十一年〉，頁 78及頁 81。

〔註 66〕《左傳・隱公三年》，卷 3，頁 51～52。

〔註 67〕詳參註 55。

〔註 68〕《左傳・僖公二十八年》，卷 16，頁 276。

〔註 69〕重耳「怒」的情緒見於《左傳》數處：一是流亡至衛時，乞食於野人，野人與之土塊，怒，欲鞭之。二是流亡至齊時，齊桓公以姜氏妻之，子犯與姜氏害怕重耳因安逸而忘卻回國即位之心，因謀，醉而遣之，醒，以戈逐子犯。三是責罵刺殺他的寺人披。四爲責怪頭須未隨其流亡，留居國內。然而這些「怒」的情緒最終都能在左右之諫及自省之下獲得釋懷。

〔註 70〕言〈僖公二十五年〉晉文公向周王「請隧」，欲僭用天子喪禮之事。

之喪，責其「多行無禮，必自及也」；一則言其相魯室三君，而無私積，君子以爲其「忠」，〔註71〕但這樣的例子極少，通常：不是純然的褒，即是純然的貶。諸如稱揚潁考叔「純孝也」、〔註72〕石碏「純臣也」、〔註73〕狼瞫「君子」、〔註74〕范宣子「讓」、〔註75〕子囊「忠」，〔註76〕貶抑羊斟「非人也」、〔註77〕華元及樂舉「不臣」、〔註78〕子然「不忠」〔註79〕……。

如果在《左傳》筆下，所描繪的「君」多是負面或不純正的人物，反觀某些「臣」，在《左傳》中的形象是較純正而一致的，那麼後者在整個世衰道微，禮制崩解的大環境之下，謹遵聖賢經典之道，克盡其責，他們的存在，如同微微的星光，爲這晦暗的時代，注入些能量與希望，其懿美的風操反倒有爲時人及後世提供示範及傳承的作用，具有重要意義。

三、對「臣」有高標準的期待

《左傳》的「君子曰」，文詞有褒有貶，語氣有寬舒亦有激昂，代表著史

〔註71〕以上分別見於《左傳》，〈成公七年〉，卷26，頁443、〈襄公二年〉，卷29，頁498、〈襄公四年〉，卷29，頁506、〈襄公五年〉，卷30，頁516。

〔註72〕《左傳・隱公二年》，卷2，頁37。君子曰：「潁考叔，純孝也，愛其母，施及莊公。《詩》曰：『孝子不匱，永錫爾類。』，其是之謂乎。」

〔註73〕《左傳・隱公四年》，卷3，頁57。君子曰：「石碏，純臣也。惡州吁而厚與焉。『大義滅親』，其是之謂乎。」

〔註74〕《左傳・文公二年》，卷18，頁302。君子謂：「狼瞫於是乎君子。詩曰：『君子如怒，亂庶遄沮。』又曰『王赫斯怒，爰整其旅。』怒不作亂，而以從師，可謂君子矣。」

〔註75〕《左傳・襄公十三年》，卷32，頁555。君子曰：「讓，禮之主也。范宣子讓，其下皆讓，欒黶爲汏，弗敢違也。晉國以平，數世賴之，刑善也夫！一人刑善，百姓休和，可不務乎！」

〔註76〕《左傳・襄公十四年》，卷32，頁564。君子謂：「子囊忠。君薨，不忘增其名；將死，不忘衛社稷，可不謂忠乎？」

〔註77〕《左傳・宣公二年》，卷21，頁363。君子謂：「羊斟，非人也，以其私憾，敗國殄民，於是刑孰大焉？《詩》所謂『人之無良』，其羊斟之謂乎！殘民以逞。」

〔註78〕《左傳・成公二年》，卷25，頁427。君子謂：「華元、樂舉於是乎不臣。臣，治煩去惑者也，是以伏死而爭。今二子者，君生則縱其惑，死又益其侈，是棄君於惡也，何臣之爲？」

〔註79〕《左傳・定公九年》，卷55，頁967。君子謂：「子然於是不忠，苟有可以加於國家者，棄其邪可也。〈靜女〉三章，取彤管焉。〈竿旄〉：『何以告之』，取其忠也。故用其道，不棄其人。《詩》云：『蔽芾甘棠，勿翦勿伐，召伯所茇。』思其人，猶愛其樹，況用其道而不恤其人乎！子然無以勸能矣。」

家對歷史事件的結果有不同程度的反應。而本文認為：它將最嚴厲的批判指向「羊斟」：

> 君子謂：羊斟，非人也，以其私憾，敗國殄民，於是刑孰大焉？《詩》所謂「人之無良」者，其羊斟之謂乎！殘民以逞。〔註 80〕

羊斟因個人私怨，逞一時快意，使得宋國軍隊戰敗，付出代價的是廣大黔首的性命，《左傳》毫不容情地批判其「非人」也。但相較於晉靈公「不君」的行徑：

> 厚斂以彫牆；從臺上彈人，而觀其辟丸也；宰夫胹熊蹯不熟，殺之，寘諸畚，使婦人載以過朝。〔註 81〕

以及陳靈公淫亂、君臣相謔、殘殺諫臣的行徑：

> 陳靈公與孔寧、儀行父通於夏姬，皆衷其衵服，以戲於朝。洩冶諫曰：「公卿宣淫，民無效焉，且聞不令，君其納之！」……遂殺洩冶。
>
> 陳靈公與孔寧、儀行父飲酒於夏氏。公謂行父曰：「徵舒似女」對曰：「亦似君。」徵舒病之。〔註 82〕

《左傳》對羊斟以「非（人）」、「無（良）」來否定一個真實的人存在的價值，但對晉靈公的草菅人命，對人不敬，僅稱「不君」，換言之，謂其對於「君」之位，只是未盡其責、不適任、不像個國君；而對陳靈公雖未給予評論，但由《左傳》所載之事及後人給予的謚號，〔註 83〕其「淫亂」之實已不言而喻。

相較於對晉靈公與陳靈公的批判，《左傳》給予羊斟的評價算甚是嚴厲，而本文認為：《左傳》對當時的「臣」應肩負起的責任，是有相當程度的期待。除了輔弼國君之外，也期待他們能為時人或後世提供良善的示範，而非像「羊斟」一樣，因一時之「怒」，淪為小勇之夫，甚至以其私憾，敗國殄民。

〔註 80〕《左傳・宣公二年》，卷 21，頁 363。

〔註 81〕《左傳・宣公二年》，卷 21，頁 361。

〔註 82〕分別見於《左傳・宣公十年》卷 22，頁 380、382。針對後者，楊伯峻引《禮記・禮運》云：「諸侯非問病、弔喪而入諸臣之家，是謂君臣為謔。」見《春秋左傳注》，頁 707。

〔註 83〕楊伯峻：「謚號之起約在西周中葉之後。靈或厲皆惡謚。」並引杜注曰：「亂而不損曰靈。」見《春秋左傳注》頁 1001。（晉靈公與陳靈公之謚號皆「靈」，可與〈襄公十三年〉楚共王請求謚號為「靈」或「厲」之事互參看）

四、「國之幹」與「民之主」指「臣」

《左傳》稱潁考叔「純孝也」，〔註 84〕又云「孝，禮之始也」；〔註 85〕稱范宣子「讓」，又云「讓，禮之主也」，〔註 86〕「卑讓，禮之宗也」；〔註 87〕稱季文子、子囊「忠」，〔註 88〕又云「忠信，禮之器也」。〔註 89〕禮之「始」、禮之「主」（宗）、禮之「器」所指的對象皆爲「臣」，又《左傳・僖公十一年》云：「禮，國之幹也」，〔註 90〕彷彿整個「禮」的架構由「臣」來完成，而「禮之於國」又如同「幹之於屋」，舍之，則不立。〔註 91〕

此外，《左傳》凡五處言「民之主也」皆指卿大夫：〔註 92〕一是指「不忘恭敬」的晉趙盾；二是「能衛社稷」的晉解揚；三是「能賦〈草蟲〉」的鄭子展；四是「令尹之偏，國之四體」〔註 93〕的楚司馬蔿掩；五是「能用善人」的鄭罕虎。〔註 94〕

〔註 84〕《左傳・隱公元年》，卷 2，頁 37。

〔註 85〕《左傳・文公二年》，卷 18，頁 304。

〔註 86〕《左傳・襄公十三年》，卷 32，頁 555。

〔註 87〕《左傳・昭公二年》，卷 42，頁 719。

〔註 88〕分別見於《左傳》〈襄公五年〉，卷 30，頁 516 及〈襄公十四年〉，卷 32，頁 564。

〔註 89〕《左傳・昭公二年》，卷 42，頁 719。

〔註 90〕《左傳・僖公十一年》，卷 13，頁 222。

〔註 91〕〔日本〕竹添光鴻：《左傳會箋》，頁 383。箋曰：「無禮，則國不立，故謂之幹。此幹宜以楨幹釋之。」（臺北：天工書局，1998 年）

〔註 92〕楊伯峻於解揚之事注曰：「傳凡五言『民之主也』，皆指卿大夫，如宣二年指晉趙盾，昭五年指鄭罕虎，此則似解揚暗中自指。」見《春秋左傳注》，頁 760。楊伯峻只舉出三處「民之主」所指稱的對象，而本文判斷其他二者應是指鄭子展及楚司馬蔿掩，並於下文中，承楊伯峻之意將其補足。

〔註 93〕杜注：「偏，佐也。」（〔晉〕杜預：《春秋經傳集解》，頁 276，臺北：七略出版社，2005 年）原文：「司馬，令尹之偏，而王之四體也。」言司馬蔿掩爲令尹、楚王之股肱也。

〔註 94〕此五處「民之主也」分別見於《左傳》〈宣公二年》，卷 21，頁 364：「晉靈公……猶不改。宣子驟諫，公患之，使鉏麑賊之。晨往，寢門闢矣，盛服將朝。尚早，坐而假寐。麑退，歎而言曰：『不忘恭敬，民之主也』賊民之主，不忠，棄君之命，不信，有一於此，不如死也。」〈宣公十五年〉，卷 24，頁 407～408：「臣（解揚）聞之，君能制命爲義，臣能承命爲信，信載義而行之爲利，謀不失利，以衛社稷，民之主也。」〈襄公二十七年〉，卷 38，頁 647：「趙孟曰：『七子從君，以寵武也。請皆賦以卒君貺，武亦以觀七子之志。』子展賦〈草蟲〉。趙孟曰：『善哉！民之主也！』〈襄公三十年〉，卷 40，頁 683：「楚公子圍殺大司馬蔿掩，而取其室。申無宇曰：『王子必不免。善人，國之主也。王子相楚國，將善是封殖，而虐之，是禍國也。且司馬，令尹之偏，而國之

承上所言，國無禮則不立；民亦不能無主，所以「臣」在社稷與禮制中扮演著重要聯繫的角色。《左傳》認為居於「君」與「民」之間的「臣」，該肩負起何種職責？該如何維繫整個禮制？亦是本論文欲探討的。

第四節　章節安排

本論文題目為「《左傳》『君子曰』中的君臣之道」，主要是以「君子曰」的視角探究《左傳》中君臣的相關問題。全文共分為六章，外加一節附錄及參考文獻。

第一章緒論，提出研究動機及問題意識、整理現有之學術成果與本論文之關係，並以對「君子曰」的觀察——「重視臣道」為前提，說明各章節的安排。

第二章「聽與諫——君與臣關係的共衡」：由「聽與諫」作為切入點，探討君子認為君臣在政治互動上該如何取得共衡。本章共分為四節，第一節敘述「諫」的定義及歷史淵源，自上古聖王開始即重視「諫」的功能，但當時諫官制度尚未完備，因此人人可諫，此與《左傳》中勸諫君主的主要對象為「臣」略有出入，本文試著探討其因，以《左傳》將勸諫之任落於「臣」，作為後文申論的前提；第二節以《左傳》記事重因果關係，史家常以成敗論褒貶為著眼點，將「寵與信」、「諫與弗聽」兩種君臣的互動模式作為對照，藉以突顯「諫」的重要，間接彰顯「臣」在政治領域上的重要性；第三節分析「君子曰」中「諫」之層面，歸結君子所重在於「戰爭前的準備」與「對人民的刑罰」，此兩者牽繫著廣大庶民的命運，反映君子著重「以社稷為念」之諫臣；第四節則由君子所談的「諫」的類型為切入點，對於能諫之臣，諸如鬻拳、石碏、晏子，君子總能予以褒揚；但又以洩冶、鮑牽的遭遇呈現了人臣在整個時勢動盪、價值觀崩壞之下仍有其侷限，甚至陷入進退失據的無奈與悲哀。

第三章「忠——君與臣對應社稷的態度」：本章由「忠」作為切入點，旨在探討君子認為君臣實踐「忠」的態度，對應的對象及具體的作為為何。本

四體也。絕民之主，去身之偏，艾王之體，以禍其國，無不祥莫大焉，何以得免？』〈昭公五年〉，卷 43，頁 748：「鄭罕虎如齊，娶於子尾氏，晏子驟見之，陳桓子問其故，對曰能用善人，民之主也。」

章共分爲二節，第一節將春秋時人「忠」的對象區分爲二：一是臣民對君的絕對服從；二是君臣以社稷爲主，並歸納君子所稱許的忠爲「臣效命於社稷」。第二節則以人民的時代需要作爲探討，歸結君子認爲君臣忠於社稷的當務之急爲「舉善用賢」。

第四章「讓及稱——君臣對應同僚及自身的省思」：由「讓」與「稱」作爲切入點，探討君子認爲君臣對應「同僚（同宗）」及「自身」該如何切合禮。本章共分爲二節，第一節談「讓」的問題，先探討君子爲何重讓？客觀的標準又何在？歸結出君子所重之讓在於成就整體之和諧，並以「君子曰」所提及的三件讓事作爲檢證，且說明爲何范宣子之讓最深得君子要旨。第二節談「稱」的問題，以「外在器名」與「內在情緒」二方面作爲探討：君子之所以重視個人所屬外在器名是否與之相稱，是因爲一個人的內在是否存有禮的分際，往往顯現於外在之禮，因此君子希望人由外在器名檢視內在之禮，並將存於心之禮化爲合宜的外在表現；此外，君子重視怒的情緒是由於對政事成敗的檢討而來，君子認同遷怒的表現，但更強調怒要遷到正向的層面，才是合禮的表現。

第五章「『君子曰』所代表的時代與思想」：本章旨在判斷「君子曰」所屬的時代與思想。首先闡述時代會變，但思想有「不變」與「變」，「君子曰」中的思想亦有「不變」及「變」之分，對於「不變」之理雖無須強調其代表的時代與思想價值，卻展現了史家對時代的關懷；對於「變」的思想，藉由其「變」的轉捩點，有助於我們看不到不同時代所呈現的思想價值。

第六章爲結論。總結君子對「諫」、「忠」、「讓」的褒揚皆落於「人臣」之上，藉以突出「人臣」在《左傳》一書中的價值。

第二章　聽與諫——君與臣關係的共衡

本章由「聽與諫」作爲切入點，探討君子認爲君臣在政治互動上該如何取得共衡。「君」與「臣」於地位、權勢的基礎點上有別，本就有尊卑之分，以「職權」而言，是不可能共衡，因此本文在此談論的共衡是：若君盡「聽」之責，而臣盡「諫」之任，兩者的關係便能暫時處於穩定的狀態，而這穩定是雙方共同要去維繫的，若僅是單方面的維繫，兩者的關係便處於緊張或危殆不安的氛圍下。

本章共分爲四節，第一節敘述「諫」的定義及歷史淵源，自上古聖王開始即重視「諫」的功能，但當時諫官制度尚未完備，因此人人可諫，此與《左傳》中勸諫君主的主要對象爲「臣」略有出入，本文試著探討其因，以《左傳》將勸諫之任落於「臣」，作爲後文申論的前提；第二節以《左傳》記事重因果關係，史家常以成敗論褒貶爲著眼點，將「寵與信」、「諫與弗聽」兩種君臣的互動模式作爲對照，藉以突顯「諫」的重要，間接彰顯「臣」在政治領域上的重要性；第三節分析「君子曰」中「諫」之層面，歸結君子所重在於「戰爭前的準備」與「對人民的刑罰」，此兩者牽繫著廣大庶民的命運，反映君子著重「以社稷爲念」之諫臣；第四節則由君子所談的「諫」的類型爲切入點，對於能諫之臣，諸如鬻拳、石碏、晏子，君子總能予以褒揚；但又以洩冶、鮑牽的遭遇呈現了人臣在整個時勢動盪、價值觀崩壞之下仍有其侷限，甚至陷入進退失據的無奈與悲哀。

第一節　勸諫之任在於「臣」

《說文解字》：「諫，証也。」又云：「証，諫也。」〔註 1〕「諫」、「証」兩字爲互訓，〔註 2〕「証」字爲形聲兼會意，意思爲「用正言勸諫別人」。若以人的關係來說，「五倫」〔註 3〕皆是可諫的範圍，但本論文旨在探討「君臣之道」，因此將「諫」的範疇扣緊於「君臣」關係上。

國君對「諫」的重視，可追溯到上古時期，由「諫官」的設置可見一斑。例如：《尚書・舜典》中提及舜命龍掌「納言」一職；〔註4〕《淮南子・主術》：「湯有司直之人」；〔註5〕《周禮・地官・保氏》：「保氏掌諫王惡」；〔註6〕春秋時齊國的「大諫」；楚國的「箴尹」；鄭國的「司直」；戰國時趙國的「司過」，其職責都是掌諫君以防止君之失。〔註 7〕但由於先秦時期，諫官制度尚未完備，因此勸諫國君之人並不侷限於諫官。北宋司馬光在〈諫院題名記〉一文中就曾提出「古者諫無官」、「人人可諫」的看法：

> 古者諫無官，自公卿大夫至於工商，無不得諫者。漢興以來，始置官。〔註8〕

清代魏源也提出相同的見解：

〔註 1〕〔東漢〕許慎著；〔清〕段玉裁注：《說文解字注》，頁 93。（臺北：萬卷樓出版，1999 年）

〔註 2〕〔民國〕陳新雄：《訓詁學上冊》，頁 164。（臺北：臺灣學生書局，1999 年）

〔註 3〕「五倫」所指爲父子、君臣、夫婦、長幼、朋友。始見於《孟子・滕文公篇上》：「后稷教民稼穡，樹藝五穀；五穀熟而民人育。人之有道也，飽食，煖衣、逸居而無教，則近於禽獸。聖人有憂之，使契爲司徒，教以人倫——父子有親，君臣有義，夫婦有別，長幼有敘，朋友有信。」（《四書章句集注・孟子集注》，卷 5，〈滕文公章句上〉，頁 259，以下簡稱《孟子集注》）

〔註 4〕《尚書・虞書・舜典》：「帝曰：『龍！朕堲讒說殄行，震驚朕師。命汝作納言，夙夜出納朕命，惟允。」見〔漢〕孔安國傳；〔唐〕孔穎達正義；〔清〕阮元校勘：《尚書注疏》，頁 47。（臺北：藝文印書館，1997 年，以下簡稱《尚書》）

〔註 5〕〔民國〕劉文典撰：《淮南鴻烈集解》，頁 310。（臺北：文史哲出版社，1992 年）

〔註 6〕詳參〔漢〕鄭玄注；〔唐〕賈公彥疏；〔清〕阮元校勘：《周禮注疏》，卷 14〈保氏〉，頁 212。

〔註 7〕「大諫」、「箴尹」、「司直」、「司過」的諫官考定，詳參〔民國〕趙啓迪：《春秋戰國時的諫諍制度》，第二章「春秋戰國時期諫官的設置」，頁 8～11 之整理（吉林大學歷史系碩士學位論文，2008 年）

〔註 8〕〔民國〕謝冰瑩、邱燮友等人：《古文觀止》，頁 688。（臺北：三民書局，2007 年）

古無諫諍之官，人人皆諫官也，不惟廣受天下之言，亦所以廣收天下之才。〔註 9〕

而從其他史料亦可得到印證，如《管子・桓公問》：

黃帝立明臺之議者，上觀於賢也；堯有衢室之問者，下聽於人也；舜有告善之旌，而主不蔽也；禹立建鼓於朝，而備訊也；湯有總街之庭，以觀人誹也；武王有靈臺之復，而賢者進也，此古聖帝明王所以有而勿失，得而勿忘者也。〔註 10〕

「明臺」、「衢室」、「告善之旌」、「建鼓」、〔註 11〕「總街之庭」、「靈臺」皆是提供人民評議朝政之處。

《淮南子》〈主術〉及〈氾論〉篇亦分別提及：

堯置敢諫之鼓，舜立誹謗之木，湯有司直之人，武王立戒慎之鞀，過若豪釐，而既已備之也。夫聖人之於善也，無小而不舉；其於過也，無微而不改。〔註 12〕

禹之時，以五音聽治，懸鐘鼓磬鐸，置鞀，以待四方之士，爲號曰：「教寡人以道者擊鼓，諭寡人以義者擊鐘，告寡人以事者振鐸，語寡人以憂者擊磬，有獄訟者搖鞀。當此之時，一饋而十起，一沐而三捉髮，以勞天下之民，此而不能達善效忠者，則才不足也。」〔註 13〕

堯、舜、武王分別設立「鼓」、「木」、「鞀」三種標誌性的建築；湯則設立「司直」之官，專門提供人民「諫」、「誹謗」〔註 14〕之用以及供執政者「戒慎」之參考。禹之時則分別設置「鐘」、「鼓」、「磬」、「鐸」、「鞀」五音接受人民勸諫或訴訟。

此外，《呂氏春秋・自知》、〔註 15〕《劉向・說苑》、〔註 16〕《鬻子》〔註

〔註 9〕〔清〕魏源：《魏源全集》，卷二，頁 67。（長沙：岳麓書社，2004 年）

〔註 10〕〔民國〕黎鳳翔：《管子校注》，卷 18，〈桓公問〉第 56，頁 1047。（北京：中華書局，1992 年）

〔註 11〕黎案：《淮南子》作「諫鼓」；《儀禮・大射儀》、《莊子》皆作「建鼓」，「建」爲朝廷所樹立之鼓，較「諫鼓」義勝。見前揭書，頁 1049。

〔註 12〕《淮南鴻烈集解》，頁 310～311。

〔註 13〕見前揭書，頁 437。

〔註 14〕「誹謗」之意與現今用法不同。《淮南子・主術》：「舜立誹謗之木。」高誘注：「書其善否於表木也。」

〔註 15〕《呂氏春秋・自知》：「堯有欲諫之鼓，舜有誹謗之木，湯有司過之士，武王有戒慎之鞀，猶恐不能自知，今賢非堯舜、湯、武也，而有掩蔽之道，奚繇

17〕……說法略同，只是名目往往錯出，且雜歸於黃帝、堯、舜、湯、武王諸聖名下，無有定說，但足以說明的是：上古帝王相當重視民意，廣開言路，主動爲人民設置議政的場所及相關設施，讓人民來針砭時政。〔註 18〕

《左傳》亦提及「鄉校」是讓人民「議執政之善否」〔註 19〕的地方，此外，更藉師曠之口道出人人可諫的歷史傳統：

> 天自王以下，各有父兄子弟以補察其政。史爲書，瞽爲詩，工誦箴諫，大夫規誨，士傳言，庶人謗，商旅于市，百工獻藝，故〈夏書〉曰：「道人以木鐸徇于路，官師相規，工執藝事以諫。」正月孟春，于是乎有之，諫失常也。〔註 20〕

不論有無爵位，自「大夫」、「士」以至於「庶人」皆可勸諫國君以補察時政。當時「凡民皆可諫」的傳統，亦可於《國語・周語》得到印證。〔註 21〕

但細察《左傳》所記，觀察到的是：即使楚國有「箴尹」、鄭國有「司直」的諫官之職，〔註 22〕但《左傳》並未特別突出其「諫」的功能，此外，雖藉師曠道出當時「凡民皆可諫」的傳統，又鋪述子產設「鄉校」一事，但是《左傳》對於庶民之諫的鋪述有限，在《左傳》看到的幾乎爲卿大夫之諫，尤其君子特別推崇能諫之重臣。

這樣的情況頗耐人尋味，《左傳》記事以天子爲主，與天子互動的相關人

自知哉？」見〔漢〕高誘注；〔民國〕王利器疏：《呂氏春秋注疏》，卷 24，頁 2897～2900。（成都：巴蜀書社，2002 年）

〔註 16〕《說苑・反質》：「臣聞禹立誹謗之木，欲以知過也。」見〔漢〕劉向撰；〔民國〕趙善詒疏證：《說苑疏證》，卷 20，頁 602。（臺北：文史哲出版，1986 年）

〔註 17〕〔民國〕鍾肇鵬撰：《鬻子校理・禹政》，頁 17：「夏禹之治天下也，以五聲聽。門懸鐘鼓鐸磬而置鞀，以待四海之士。爲銘於簨簴曰：『教寡人以道者擊鼓；教寡人以義者擊鐘；教寡人以事者振鐸；語寡人以憂者擊磬；語寡人以訟獄者揮鞀，此之謂五聲。』」（北京：中華書局，2010 年）

〔註 18〕各家對上古帝王重視民意，主動爲人民設置議政的場所之說，不一定是歷史事實，但至少可見儒家理想中的「聽——諫」模式及範疇。

〔註 19〕《左傳・襄公三十一年》，卷 40，頁 688。

〔註 20〕《左傳・襄公十四年》，卷 32，頁 562～563。

〔註 21〕《國語・周語》：「故天子聽政，使公卿至于列士獻詩，瞽獻曲，史獻書，師箴，瞍賦，矇誦，百工諫，庶人傳語，近臣盡規，親戚補察，瞽、史教誨，耆、艾修之，而後王斟酌焉，是以事行而不悖。」見〔周〕左丘明；〔吳〕韋昭注：《國語》，卷 1〈周語上〉，頁 9～10。（臺北：漢京出版，1983 年）

〔註 22〕詳見《左傳》〈宣公四年〉、〈襄公十五年〉、〈哀公十六年〉、〈襄公二十七年〉。

物則由史家靈活駕馭材料有選擇性地書寫，只要個人能在歷史的長河中彰顯出意義來，不論有無爵位，史家一律書之。諸如頭須，只是替晉文公保管財物的僕人，但其以「居者為社稷之守，行者為羈紲之僕，其亦可也，何必罪居者？國君而讎匹夫，懼者其眾矣。」之言說服文公「棄小怨，所以能安眾」之理，〔註23〕因此名留青史；而鉏麑，也只是名刺客，但因其不賊「民之主」（趙盾），因此《左傳》留下其「忠」的精神，另外，靈輒，原為翳桑之餓人，後做了晉靈公甲士，史家鋪述其受一飯之恩，後來倒戟護衛趙盾之故事。〔註24〕在這些例子中，看到了史家不因「人微言輕」，亦「不以人廢言」的書寫態度，試想：若今有一無爵位之人能洞燭機先，對國事提出有力的勸諫或針砭，史家豈可略筆不提？而我們在《左傳》裡看到的「庶民之諫」卻是微乎其微，這除了是《左傳》在記事上的必然因素〔註25〕外，本文試著提出另一種解釋：重臣相較於庶民、百工，與國君關係尤為親密，也由於朝夕相處，對政策的弊端、國君的缺失是最直接的觀察，也能夠進行面對面、最即時的勸諫。試想《尚書・夏書・胤征》之句：「每歲孟春，遒人以木鐸徇于路，官師相規，工執藝事以諫。」〔註26〕上位者接受人民規諫有特定的時節，人民對上位者的決策及施政之弊，常是經由官員宣告輾轉得知，亦必須經過層層官員才得以反映於上，難以收即時之效，連「士」都因為位卑，必須經由「大夫」才能將諫言傳遞於君，〔註27〕更何況「庶民」、「百工」？若仰仗庶民、百工之諫，國勢幾近頹矣。

相較於上古時期的聖王，黃帝、堯、舜的時代是「謀閉而不興，盜竊亂賊而不作，外戶而不閉」〔註28〕的盛世；禹、湯、武王雖稱不上大同世界，但至少能以禮義為綱紀，來「正君臣」、「篤父子」、「睦兄弟」、「和夫婦」，〔註29〕這些國君身處河清海晏的社會，即使民意需借由層層的官員才能傳達給國

〔註23〕《左傳・僖公二十四年》，卷15，頁254。

〔註24〕鉏麑及靈輒之事見於《左傳・宣公二年》，卷21，頁364～365。

〔註25〕《左傳》記事以君臣的政治互動為主，因此對「臣」的描寫必多於「庶民」，這是《左傳》在記錄、書寫上的必然性，但卻無法呈顯「臣」的重要性，因此，本文欲從另一個視角思索「臣」於勸諫上的重要性。

〔註26〕《尚書》，頁102。

〔註27〕見《左傳・襄公十四年》，卷32，頁563。杜預對「士傳言」之解釋為「士卑不得逕達，聞君過失，傳告大夫。」

〔註28〕〔漢〕鄭玄注；〔唐〕孔穎達正義；〔清〕阮元校勘：《禮記注疏》，卷第21，頁413。（臺北：藝文印書館，1993年，以下簡稱《禮記》）

〔註29〕同前揭書，頁417。

君，這些意見並非能左右國運的興亡，只是讓政事趨近完善罷了，反觀在春秋世衰道微，禮制崩壞，君不君〔註30〕的大環境下，需要的諫言常是迫切的、即時性的，而能肩負此重責大任的莫過於國君周遭的重臣。因此，並非《左傳》不重視人民之勸諫，而是時勢使然，必須要將勸諫的大任寄託於重臣之上。重臣或扮演著將「士」與「庶民」的意見傳達給國君的橋梁，或憑自身對國家的觀察與關懷，化為有建設性的諫言，對於整個禮制，有匡正、扶危定傾的作用，因此特為《左傳》重之。

本節由「諫」的歷史淵源確認《左傳》將勸諫之任寄託於「臣」後，下節則回歸《左傳》原典，藉著兩種截然不同的行文方式「寵與信」、「弗聽與諫」來呈現「諫臣」在整個時代背負的使命。

第二節 「諫臣」肩負的時代使命

《左傳》記事注重因果關係，對於事件發生的原因及結果常詳細書之，因為史家確信人物的道德常是影響政事成敗之因，也因此，政事的成敗成了史家褒貶的關鍵。本小節主要由政事失敗的結果去探討「寵與信」、「諫與弗聽」彼此的關連性，藉以突出「臣」在此時代背負的使命——即「諫」。

一、「寵與信」、「諫與弗聽」的君臣互動模式

本小節主要從君臣互動關係的兩端——「良」與「窳」為切入點，而以「君之信愛」與「臣之寵嬖」、「臣之勸諫」與「君之弗聽」的兩種行文模式作為探討。在《左傳》筆下，君臣關係表面的良善未必等於眞實互動的良善，《左傳》反而是由君臣負面的關係來突出「臣」的價值，並彰顯君臣互動眞實、積極的意義。

（一）「寵——信——失敗」的行文模式

在《左傳》中，「寵、嬖」與「信、愛」息息相關，臣之得寵嬖，來自於國君放任的信愛，國君違禮加賜外在的器物，抑或放寬對其限制，這種縱容往往養成臣子驕奢的心態，且寵祿僭位自然導致他人的側目，因而埋下政事混亂、失敗的種子。〈桓公十八年〉辛伯就曾言：

〔註30〕由「君子曰」的評論可窺見一隅。詳見本文第一章第三節：「對君子曰的觀察」中的「對君多褒貶互參，對臣多純然的褒揚」的相關探討。

並后，匹嫡，兩政，耦國，亂之本也。〔註31〕

「后、嫡、正卿、國都」與「妾、庶、卿、大城」本應因地位不同而有所區隔，但若因寵祿過度，使得兩者可以「並」、「匹」，國內存在著「兩」、「耦」的對立狀況，即是亂的根源。辛伯道出了「寵」與「亂」的因果關係，而〈隱公三年〉石碏則更清楚地分析了人由「寵」而「逆」的普遍心理狀態。

夫寵而不驕，驕而能降，降而不憾，憾而能昣者，鮮矣。且夫賤妨貴，少陵長，遠間親，新間舊，小加大，淫破義，所謂六逆也。〔註32〕

「賤與貴」、「少與長」、「遠與親」、「新與舊」、「小與大」、「淫與義」分別由地位、年齡、親疏、歷史關係、情勢、義與不義言州吁與太子完的關係；以「妨」、「陵」、「間」、「加」、「破」來呈現「逆」就是一種妨礙、淩駕、侵犯、威逼到上位的情況，追本溯源，乃由於「寵、驕」導致「憾、不能降、不能昣」的結果。根據後來史事的發展——州吁弒完及衛國內亂，足以證明石碏的顧慮乃是洞燭機先。此外，如〈莊公八年〉齊國的內亂亦是導源於「寵」：

齊侯（襄公）使連稱、管至父戍葵丘，瓜時而往，曰：「及瓜而代」，期戍，公問不至，請代，弗許，故謀作亂。僖公之母弟曰夷仲年，生公孫無知，有寵於僖公，衣服禮秩如適。襄公絀之，二人因之以作亂。〔註33〕

古時為了顯示嫡子與庶子之尊卑，以衣服、章旗、待遇等級區別之，正所謂「君子小人，物有服章，貴有常尊，賤有等威，禮不逆矣。」〔註34〕但齊僖公對公孫無知的寵溺，禮秩竟高於嫡子的襄公，襄公的罷黜引來公孫無知的懷恨，進而形成齊國一連串的內亂。由公孫無知「受寵」至「叛變」的心理狀態：寵→驕→不能降→憾→不能昣→逆，亦間接印證了石碏所言。諸如此類的例子，在《左傳》中屢見不鮮：晉獻公的時代，不僅有內嬖驪姬，又有外嬖梁五與東關嬖五，二五與驪姬朋比為奸的結果是埋下了晉國長期動亂的禍根；〔註35〕而齊桓公同樣多內寵及外寵，內外寵互相勾結亂政，竟使得齊

〔註31〕《左傳・桓公十八年》，卷7，頁130。
〔註32〕《左傳・隱公三年》，卷3，頁54。
〔註33〕《左傳・莊公八年》，卷8，頁143。
〔註34〕《左傳・宣公十二年》，卷23，頁391。
〔註35〕驪姬與二五讒言之事見於《左傳・莊公二十八年》，卷10，頁177。

桓公死後蟲流出戶，六十七日才入棺殯殮，〔註 36〕似是以桓公不得善終作爲特寫，來嘲諷其寵溺臣妾，聽信讒言的後果。

由上敘諸例可見，「寵、嬖」與「信、愛」乍看君臣相處和諧、互動良善，逐文玩味，其實是《左傳》爲鋪述後來政事失敗、混亂所做的伏筆，也間接地否定了這樣的君臣關係。

（二）「諫——弗聽——失敗」的行文模式

《左傳》善以對話及旁敘來描述君臣間的互動，內容常呈現在對他國的應對、國內政事的探討，既然此互動是種討論，必然先有一個事件、對象作爲開端，後有附議或反對者，從而展開進諫的行動。

如果說，「聽」不僅只是「接收」對方的訊息，還伴隨著「思考」及「權衡」，當意見紛歧，或與自身看法迥異時，「君」有權去選擇接受（納之）或拒絕（弗聽），如果客觀衡量事情的利弊或後續的發展後，認爲他人的意見不見得好，那麼拒絕（弗聽）、堅持原意，可能也會有好的結果。但，《左傳》裡的「弗聽」一類之詞，〔註 37〕並非是種客觀權衡下的結果，《左傳》在揭示「弗聽」兩字後，幾乎伴隨著就是失敗的結果。

諸如〈隱公三年〉記載衛莊公放任嬖人之子——州吁寵而好兵的行徑，即使石碏以「六順六逆」諫之而「弗聽」，最後莊公之子（桓公）爲州吁所弒，州吁亦爲衛人所殺。對於衛莊公而言，「弗聽」的代價換來的是衛國的內亂及二子之死；〔註 38〕〈僖公十五年〉記載韓原之戰，晉惠公欲乘鄭國出產之馬，慶鄭認爲應改乘本國出產之馬，因其「生其水土，而知人心，安其教訓，而服習其道，唯所納之，無不如志」，惠公「弗聽」，導致所乘之馬因不熟悉水土陷於泥濘而被擄。〔註 39〕另外，像〈僖公五年〉記載晉欲假道於虞以伐虢之事，宮之奇以「輔車相依，脣亡齒寒」比喻「虢」、「虞」兩國間休戚與共

〔註 36〕對於齊桓公的不得善終，《左傳》僅以時間帶出其殯殮之晚：「冬，十月乙亥，齊桓公卒。……十二月乙亥，赴。辛巳夜，殯。」但《史記》卻詳述其細節：「桓公卒，遂相攻，以故宮中空，莫敢棺。桓公屍在牀上六十七日，屍蟲出戶。」分別見於《左傳・僖公十七年》，卷 14，頁 237～238、《史記・齊太公世家第二》，卷 32，頁 542。

〔註 37〕此言「弗聽」，亦包含其他同義詞，例如「不聽」、「辭焉」、「弗從」、「弗許」……等等。但爲了行文方便，以「弗聽」一詞概括之。

〔註 38〕《左傳》〈隱公三年〉及〈隱公四年〉，卷 3，頁 53～57。

〔註 39〕《左傳・僖公十五年》，卷 15，頁 230～231。

的關係，勸諫虞公「晉不可啓，寇不可翫」，然而虞公「弗聽」，仍執意借道於晉，晉滅虢後，果遂滅虞。因此《春秋》書曰：「冬，晉人執虞公。」將虞國滅亡的責任歸咎於虞公。〔註 40〕

而其他與「弗聽」的相似詞，諸如「不聽」、「辭焉」、「弗從」、「弗許」……亦爲事件的後續發展潛伏著失敗的先聲，例如：〈成公元年〉晉景公派瑕嘉調停戎人與王室的紛爭，劉康公卻以爲調停後可以趁戎人不設防而僥倖取勝，叔服諫之而「不聽」，導致王師敗績；〔註 41〕〈僖公三十二年〉秦人欲藉著鄭國使其掌北門之管的機會，潛師攻鄭，蹇叔以內外的評估分析：「勞師以襲遠，師勞力竭」及「且行千里，其誰不知」諫穆公，穆公「辭焉」，〔註 42〕因而埋下〈僖公三十三年〉秦師敗於殽以及三帥百里孟明視、西乞術、白乙丙被擄獲的伏筆；〔註 43〕〈莊公六年〉騅甥、聃甥、養甥三人已能預見楚文王之野心，認爲「亡鄧國者，必此人也」，請求殺掉楚子，但鄧祁侯「弗許」又「弗從」，最後落得鄧國爲楚國滅亡的命運。〔註 44〕

由此觀之，「諫」與「聽」的過程間看似君臣關係緊張、衝突，但《左傳》以國君之「弗聽」揭示了其在政事上失敗的結果，換言之，則是強調臣之「諫言」的正確性以及國君須「聽之」的責任，亦即肯定了臣在政事上因「諫」所扮演的重要功能。

二、「諫」字所彰顯的臣之價值

延續著上節的討論，比較《左傳》的兩種行文模式：「寵——信——失敗」與「諫——弗聽——失敗」，前者的君臣關係表面上看似良善，但卻潛藏著史家針砭的伏筆，暗指君之愚昧與臣之恃寵而驕，上下交相賊正是腐化政權的亂源，《左傳》巧妙地將「寵、信」的結果收束於失敗的政事中，其對這層君臣關係的否定已不言而喻。反觀後者的君臣關係，看似處於緊張、危殆不安之境地，但《左傳》正是以這種君臣的衝突關係來彰顯臣在政治場域中扮演的積極意義，因爲「諫、弗聽」帶來的若是政事失敗的結果，那麼更證明了

〔註 40〕《左傳・僖公五年》，卷 12，頁 207～209。
〔註 41〕《左傳・成公二年》，卷 25，頁 419～420。
〔註 42〕言拒絕蹇叔的勸諫，執意襲鄭。
〔註 43〕《左傳》卷 17，〈僖公三十二年〉及〈僖公三十三年〉，頁 288～290。
〔註 44〕《左傳・莊公六年》，卷 8，頁 141～142。

臣之諫具正確性，是洞燭機先，並具有參考價值，亦即：從史家在字裡行間運用「諫」字，足以顯示國君的看法常有弊病，並非是在客觀事實下權衡的結果。

承如前文所言，《左傳》記事重視因果關係，因爲史家確信人物之道德常左右政事成敗，所以政事的成敗成了史家褒貶的重要環節。在《左傳》所載的年限中（魯隱公元年～魯哀公二十七年）就以春秋五霸的功業最盛，然而五霸之所以能成爲諸侯之長，靠的並非一己之能，而是借助於身旁重臣的股肱之力，或以諫言、或以引導，來補足國君視野之隘，例如齊桓公聽取鮑叔牙之諫，棄小怨而任用管仲，〔註 45〕使得齊國強盛一時，但桓公晚年不聽管仲臨死之諫，寵幸易牙、寺人貂之流，招致五公子爭立，各樹黨相爭，落得不得善終的下場，〔註 46〕桓公的一生，可謂「成也聽諫，敗也棄諫」；重耳流亡於齊國時，若非姜氏以從者之諫「懷與安，實敗名」勸之，〔註 47〕重耳昔日的鴻鵠之志早已化爲安逸與耽樂，此外，重耳經城濮一戰而霸，也是子犯諫其教民「知義、知信、知禮」的結果；〔註 48〕而秦穆公雖在殽之戰拒絕蹇叔之諫慘遭敗北，但也因蹇叔之諫讓穆公學習反省自我、開始任用賢人，由「諫」、「弗聽」到「記取教訓」的過程成了穆公稱霸西戎的轉捩點。此外，宋襄公於泓之戰不聽司馬之諫，在楚軍未既濟、未成列時未能出擊，導致戰敗受傷，隔年即因腿傷而卒，爲霸業畫下句點；楚莊王時有伍參、孫叔敖、申叔之諫已不遑多論，《史記・楚世家》、〔註 49〕《韓非子・喻老》、〔註 50〕《呂

〔註 45〕《左傳・莊公九年》，卷 8，頁 145。

〔註 46〕《左傳・僖公十七年》，卷 14，頁 237～238。

〔註 47〕《左傳・僖公二十三年》，卷 15，頁 251。重耳於齊國娶姜氏，原想一直安居下去，但從者以爲不可，後謀於桑下，輾轉被姜氏聽到，進而姜氏才勸諫之，因此，本文認爲姜氏向重耳道出「懷與安，實敗名」是轉述從者的勸諫。

〔註 48〕《左傳・僖公二十七年》，卷 16，頁 267～268。

〔註 49〕《史記・楚世家第十》，卷 40，頁 634。「莊王即位，三年不出號令，日夜爲樂，令國中曰：『有敢諫者死無赦。』伍舉入諫，莊王左抱鄭姬，右抱越女，坐鍾鼓之閒。伍舉曰：『願有進隱。』曰：『有鳥在於阜，三年不蜚不鳴，是何鳥也？』莊王曰：『三年不蜚，蜚將沖天，三年不鳴，鳴將驚人，舉退矣，吾知之矣。』居數月，淫益甚，大夫蘇從乃入諫王曰：『若不聞令乎？』對曰：『殺身以明君，臣之願也。』於是乃罷淫樂，聽政，所誅者數百人，所進者數百人，任伍舉、蘇從以政，國人大說。」

〔註 50〕《韓非子集解》，卷第 7，〈喻老〉第 21，頁 168。「楚莊王莅政三年，無令發，無政爲也。右司馬御座，而與王隱曰：『有鳥止南方之阜，三年不翅，不飛不鳴，嘿然無聲，此爲何名？』王曰：『三年不翅，將以長羽翼；不飛不鳴，將

氏春秋・重言》、〔註 51〕《新序・雜事二》〔註 52〕都曾載莊王即位三年不出號令，因臣子之隱諫而勵精圖治之事，由此看來，春秋時期的五霸相較於上古的堯、舜、湯、禹等聖王，思想還帶有不純正，行爲還有偏差，必須靠臣之勸諫來輔弼其功業，那麼遑論其他連霸王都稱不上的國君，對「諫臣」的需求更是不在話下。

綜上所述，撰寫《左傳》的史家，是在描寫君王稱霸及戰事的成敗過程中，指出春秋時期國君能力的侷限及突出臣所肩負的使命——「諫」。

第三節　「君子曰」著重「以社稷爲念」之諫臣

上小節提及：因在「君不君」或「君不純正」的時代環境下，《左傳》強調人臣須對國君肩負起「諫」的責任。本小節以「君子曰」的文句作爲剖析點，先分析其提及的諫之層面，並歸納君子所側重之「諫」在於「戰事前的準備」與「對人民的刑罰」，此兩者牽繫著廣大庶民的命運，反映君子著重「以社稷爲念」之諫臣。

以觀民則。雖無飛，飛必沖天；雖無鳴，鳴必驚人。子釋之，不穀知之矣。』處半年，乃自聽政，所廢者十，所起者九，誅大臣五，舉處士六，而邦大治。」

〔註 51〕《呂氏春秋注疏》，卷第 18〈重言〉，頁 2141～2145。「荊莊王立三年，不聽而好讔。成公賈入諫。王曰：『不穀禁諫者，今子諫，何故？』對曰：『臣非敢諫也，願與君王讔也。』王曰：『胡不設不穀矣。』對曰：『有鳥止於南方之阜，三年不動不飛不鳴，是何鳥也？』王射之曰：『有鳥止於南方之阜，其三年不動，將以定志意也；其不飛，將以長羽翼也；其不鳴，將以覽民則也。是鳥雖無飛，飛將沖天；雖無鳴，鳴將駭人。賈出矣，不穀知之矣。』明日朝，所進者五人，所退者十人。群臣大說，荊國之眾相賀也。」

〔註 52〕〔民國〕盧元駿註譯：《新序新注新譯》，頁 71～72。「楚莊王蒞政三年，不治，而好隱戲。社稷危，國將亡，士慶問左右群臣曰：「王蒞政三年，不治，而好隱戲，社稷危，國將亡，胡不入諫？」左右曰：「子其入矣。」士慶入再拜而進曰：「隱有大鳥，來止南山之陽，三年不蜚不鳴，不審其故何也？」王曰：「子其去矣，寡人知之矣。」士慶曰：「臣言亦死，不言亦死，願聞其說。」王曰：「此鳥不蜚，以長羽翼；不鳴，以觀群臣之慝，是鳥雖不蜚，蜚必沖天；雖不鳴，鳴必驚人。」士慶稽首曰：「所願聞已。」王大悅士慶之問，而拜之以爲令尹，授之相印。士慶喜，出門顧左右笑曰：「吾王成王也。」中庶子聞之，跪而泣曰：「臣尚衣冠御郎十三年矣，前爲豪矢，而後爲藩蔽。王賜士慶相印而不賜臣，臣死將有日矣。」王曰：「寡人居泥塗中，子所與寡人言者，內不及國家，外不及諸侯。如子者，可富而不可貴也。」於是乃出其國寶璧玉以賜之。曰：「忠信者，士之行也；言語者，士之道路也。道路不修，士無所行矣。」」。（臺北：臺灣商務印書館，1977 年）

一、戰事前的準備

在《左傳》中，可以探討的軍事層面非常廣泛：包括戰前的防備、戰時的用兵策略、戰後的檢討應對……等等。然而「君子曰」特別強調作戰時需具有「懼」的心態，由此，便衍生出對「備」（防備）的重視，因此「備」成了「諫」的重要內容，不過爲了顧及討論的完整性，得先由君子曰中的「懼」談起。

在《左傳》行文中，「卑」、「易」、「小」、「輕」、「棄」〔註53〕等字眼都用來表示對敵方或戰事存有輕蔑、輕視之心，而驕兵必敗，輕慢必生怠忽之心，「不懼」〔註54〕讓敵方有隙可乘，令自己嘗到戰敗，甚至不得善終的苦果。因此，君子在戰爭思想上，認爲存「懼」之心是重要的。此「懼」並非是對敵方盲目、消極的「恐懼」、「畏懼」，而是一種對戰事「尊重」、「端肅」；對敵方積極「謹慎」、「小心」的防備心態，不管相較於敵方的實力，是強、弱、或與之匹敵，由於茲事體大，與國運、軍民的生命休戚與共，因此一念之間，一個決策，都得瞻前顧後，三思而行，心態上的「輕視」是絕對忌諱的。

《論語・述而》曾提及孔子對戰事抱持著「愼」的態度：

> 子之所愼：齋、戰、疾。〔註55〕

譚家哲先生對此提出詮釋：

> 一般人之所以想避免「齋」，因在齋中，人之行作及平日一切享樂均受到限制，必須克制平日之欲望，並改變平日生活之作息。「戰」更不用說，戰爭破壞一切，家庭、財物、人類的一切建立，並帶來種種哀痛、傷亡與恐懼。而「疾」是種種痛楚或最低限度，種種不舒適，甚至殘廢與生命的喪失，一種人無法控制或逃避之命運。……孔子教人的態度，也就是愼而已。……謹愼，這對在世間上中，負

〔註53〕例如：〈僖公二十二年〉：「邾人以須句故出師，公卑邾，不設備而禦之。」；〈僖公二年〉：「虢必亡矣，亡下陽不懼，而又有功，是天奪之鑒，而益其疾也。必易晉而不撫其民矣，不可以五稔。」；〈桓公四年〉：「秦師侵芮，敗焉，小之也。」；〈桓公十二年〉：「絞小而輕，輕則寡謀。」；〈桓公六年〉：「隨張，必棄小國。」以上分別見於《左傳》卷15，頁247、卷12，頁200、卷6，頁105、卷7，頁124、卷6，頁110。

〔註54〕此言「不懼」，指的是對戰事、敵方的輕蔑之心。與《論語》中的「勇者不懼」之「不懼」有別，讀者察之。

〔註55〕〔宋〕朱熹：《四書章句集註・論語集注》，卷4，〈述而〉第7，頁96。（臺北：鵝湖出版社，1998年，以下簡稱《論語集注》）

面事物之最正面的態度與方法。以謹愼的態度面對及處理一切事情，縱然結果非必如願，但也非自己之過了。〔註56〕

戰爭本身的結果帶給人類苦痛，但對於無法避免之負面事物，以戒愼恐懼之心去應對，即使結果不從人願，也能將傷害降到最低。因此，當子路詢問孔子「行三軍則誰與？」時，孔子回答：「必也臨事而懼，好謀而成。」〔註57〕

此外，《左傳》亦引《詩經》裡「戰戰兢兢，如臨深淵，如履薄冰。」作爲戰事上的勸諫，例如〈僖公二十二年〉：魯僖公因輕視邾國而不設備，臧文仲引《詩經・小旻》作爲勸諫，認爲對戰事的「不易」、「備」即是一種「敬」的態度，並以先王之明德猶無不懼作爲警惕。〔註58〕

因此，對於能懼之人，君子總能予以褒揚，如〈成公七年〉「季文子因吳伐郯而知懼」：

吳伐郯，郯成。季文子曰：「中國不振旅，蠻夷入伐，而莫之或恤，無弔者也夫。《詩》曰：『不弔昊天，亂靡有定。』其此之謂乎？有上不弔，其誰不受亂？吾亡無日矣。」君子曰：「知懼如是，斯不亡矣。」〔註59〕

吳國在當時爲蠻夷，竟侵伐至郯，郯去魯不甚遠，季文子懂得反省是霸王「不弔」（不善），才使蠻夷有機可乘，並憂懼亡日不遠矣；君子則認爲魯國因季文子存有戒愼恐懼之心，懂得小心防備、應對，反而不會淪入滅亡之途。

又如〈文公四年〉秦穆公因江國被滅而戒愼恐懼：

楚人滅江，秦伯爲之降服，出次，不舉，過數。大夫諫。公曰：「同盟滅，雖不能救，敢不矜乎？吾自懼也。」君子曰：「詩云：『惟彼二國，其政不獲；惟此四國，爰究爰度』，其秦穆之謂矣。」〔註60〕

〔註56〕〔民國〕譚家哲：《論語與中國思想研究》，頁363。（臺北：唐山出版社，2006年）

〔註57〕《論語集注》，卷4，〈述而〉第7，頁95。

〔註58〕《左傳・僖公二十二年》：「邾人以須句故出師，公卑邾，不設備而禦之。臧文仲曰：『國無小，不可易也；無備，雖眾，不可恃也。《詩》曰：『戰戰兢兢，如臨深淵，如履薄冰。』又曰：『敬之敬之，天惟顯思，命不易哉！』先王之明德，猶無不難也，無不懼也。況我小國乎？君其無謂邾小，蠭蠆有毒，而況國乎？』弗聽，八月丁未，公及邾師戰于升陘，我師敗績。邾人獲公胄，懸諸魚門。」

〔註59〕《左傳・成公七年》，卷26，頁443。

〔註60〕《左傳・文公四年》，卷18，頁306。

秦、江爲同盟之國，楚人滅了江國，秦穆公以穿素服、離開平時居室，出居別處、減膳、撤樂，在食、衣、住、樂方面示其哀悼，杜預認爲君子引《詩經・大雅・皇矣》之意在於：「夏商之君，政不得人心，故四方諸侯皆懼而謀度其政事也。言秦穆亦能感江之滅，懼而思政。」〔註61〕

從上述臧文仲、季文子，秦穆公之例可知：君子認爲在戎事上存有「懼」之心是必要的，因此也延伸出對「備」的重視。

由於在戰場上，爾虞我詐，情勢常瞬息萬變、難以預料，對戰事、敵方有懼，方能未雨綢繆，在軍事上多作防範。亦即：「懼」是抽象、心態上的謹慎小心，而「備」則是實踐爲具體的防備措施，也就是將戰場上的變數設想周全，例如：修築城牆、加強武裝、防範埋伏……等等，君子強調事前的「備」，勝於事後的亡羊補牢。例如成公八年及九年，巫臣勸諫莒子應整修城牆防備：

> （巫臣）與渠丘公立於池上，曰：「城已惡。」莒子曰：「辟陋在夷，其孰以我爲虞？」對曰：「夫狡焉思啓封疆以利社稷者，何國蔑有？唯然，故多大國矣。唯或思或縱也。勇夫重閉，況國乎？」
>
> ……莒城亦惡，庚申，莒潰。楚遂入鄆，莒無備故也。君子曰：「恃陋而不備，罪之大者也；備豫不虞，善之大者也。莒恃其陋，而不修城郭，浹辰之間，而楚克其三都，無備也夫！詩曰：『雖有絲、麻，無棄菅、蒯，雖有姬、姜，無棄蕉萃。凡百君子，莫不代匱。』言備之不可以已也。」〔註62〕

晉國巫臣察覺到莒國城牆損壞嚴重，恐成爲大國開拓封疆的目標，因此向莒子提出勸諫：「小國思慮而爲備，以是得存；放縱而不爲備，以是而亡。」然而莒子不以爲懼，認爲莒國地處偏僻夷蠻之地，無人覬覦。〔註63〕「無備」的結果，埋下了隔年楚伐莒、莒因城壞而潰的禍根。君子因此責備莒子「恃陋而不備，而不修城郭」。「恃」是一種不懼、自矜，或認爲意外不可能發生的僥倖心態，莒子在考量修葺與否時，看到的只是一道城牆表面的好與壞，卻忽略了這道牆爲軍民所帶來的安全感及護衛，因此君子責其「罪之大也」，同時也道出了「備」、「豫」的重要。另外，如〈隱公五年〉燕人因不設備而戰敗：

> 四月，鄭人侵衛牧，以報東門之役。衛人以燕師伐鄭，鄭祭足、原

〔註61〕《左傳・文公四年》，卷18，頁306。
〔註62〕見《左傳》成公八年及九年，卷26，頁446～447、448～449。
〔註63〕此採楊伯峻的詮釋。詳參《春秋左傳注》，頁840。

> 繁、洩駕以三軍軍其前，使曼伯與子元潛軍軍其後。燕人畏鄭三軍，而不虞制人。六月，鄭二公子以制人敗燕師於北制。君子曰：「不備不虞，不可以師。」〔註64〕

燕人目光短淺，只曉得要抵禦眼前的敵人，卻不防備潛伏於後的敵軍，結果戰敗。在戰場上，充滿著機心與詭譎莫測的詐術，不能僅防禦「看得見」的敵人，也要考量「看不見」的變數，設想周全、深思熟慮，才可以作戰，否則戰敗，牽繫的是眾多軍民的生命，而君子評其「不備不虞，不可以師。」意指燕人不備埋伏，貿然出兵，含有警惕的意味。

對照《左傳》原文，我們可以發現：君子認為在戰場上「能懼」、「能備」常是主導勝利的關鍵，而「輕慢」常是導致失敗之因，這點與《左傳》本身的思想是一致的：如〈桓公六年〉楚武王用鬬伯比之計，故意毀軍容以擴張隨軍驕矜、輕慢之心，因而能戰勝隨軍；〔註65〕〈莊公十年〉齊魯長勺之戰，魯國雖占於上風，仍「懼有伏焉」，在「視其轍亂，望其旗靡」後，才敢進一步的追亡逐北。〔註66〕又如僖公年間發生的秦、晉殽之戰，為春秋五大戰役之一，戰爭場面的壯烈，可想而知，但《左傳》僅以「敗秦師於殽，獲百里孟明視、西乞術、白乙丙以歸。」寥寥數筆帶過，反觀描寫敗北的一方——秦國，在戰前的行動，從上位者至士兵，卻以繁筆來鋪敘秦人普遍的輕視心態：對於蹇叔的諫言，秦穆公以「爾何知？中壽，爾墓之木拱矣！」〔註67〕斥其老而不死，昏悖無知，透露出鄙視的口氣；對於秦師「輕而無禮」的態度，《左傳》則記載：

> 秦師過周北門，左右免胄而下，超乘者三百乘。王孫滿尚幼，觀之，言於王曰：「秦師輕而無禮，必敗。輕則寡謀，無禮而脫。入險而脫，又不能謀，能不敗乎？」〔註68〕

楊伯峻引《呂氏春秋・悔過篇》王孫滿之言釋曰：「過天子之城，宜櫜甲束兵，左右皆下，以為天子禮。」〔註69〕但秦軍僅「免胄」（脫下頭盔，未去甲衣），

〔註64〕《左傳・隱公五年》，卷3，頁61。
〔註65〕《左傳・桓公六年》：「王毀軍而納少師。」，卷6，頁110。
〔註66〕《左傳・莊公十年》：「夫大國，難測也，懼有伏焉。吾視其轍亂，望其旗靡，故逐之。」，卷8，頁147。
〔註67〕《左傳・僖公三十二年》卷17，頁288。
〔註68〕《左傳・僖公三十三年》，卷17，頁289。
〔註69〕《春秋左傳注》，頁494。

是謂「無禮」，一旦心中無禮，沒有紀律約束，自然就會有所疏忽，此外，「超乘」〔註70〕（一躍上車）是謂「輕」，一旦持有驕矜的心態，輕忽敵人的實力，在作戰策略上就不夠縝密。秦軍在殽之戰的敗北，由此已能見微知著，而這樣的分析並非由閱歷豐富之人的口中道出，卻是從一個涉世未深的幼童眼中觀察到的，秦軍當時氣焰高張的輕浮態度，已不由分說。

既然君子所要闡述之理與《左傳》本身所呈現的思想一致，為何又要再次強調呢？我們可以推測的是：當史家在編纂《左傳》的過程中，以宏觀的視野，檢視這些過去的歷史事件及人物時，在斷簡殘編中，看到的人物無論多偉大，在歷史的洪流中，彷彿蜉蝣寄於天地般短暫；也如滄海一粟的渺小，但時人並不自覺，以自尊、自恃的心態小覷戰事所帶來的災難與影響，在長吁短嘆之餘，史家同時留下君子曰的文句，一方面對於重蹈覆轍的人們感到無奈，一方面則藉著對人事褒貶來呈現自己對人民的關懷。

二、對人民的刑罰

《左傳》講究禮治，若在「大同」或「小康」的社會裡，或有實踐的可能性，但在春秋「世衰道微，邪說暴行有作，臣弒其君者有之，子弒其父者有之」〔註71〕的時代風氣下，《左傳》深感以禮治國有其侷限性，因此也主張用「刑」。張端穗於《左傳思想探微》一書說得明白：

> 左傳作者所主張的是禮主刑輔的思想：刑與禮一樣都是治國不可或缺的元素。〔註72〕

尤其是「君子曰」對上位者執「刑」有諸多討論，以下便一一分析之：

「刑」相對於「賞」而言，「賞」、「刑」在《左傳》中是國君用以統馭臣民常見的兩種權力，既然是國君統馭臣民的兩種權力，本應同等重要，要相提並論，但此小節談刑不談賞，是由於君子曰的評論主要談刑之故，而本文認為：《左傳》在君子曰中雖不明言「賞」的重要，但卻間接在行文中表述出來，例如：本章第一節談「寵」的問題；第四章談「羊斟之怒」，實際就是對

〔註70〕《左傳》中共出現四次「超乘」，皆是「跳上車」之意。其他三則分別見於〈襄公二十三年〉：「鞅請驂乘持帶，遂超乘，右撫劍，右援帶，命驅之出」；〈襄公二十四年〉：「弗待而出，皆超乘」；〈昭公元年〉：「子南戎服入，左右射，超乘而出。」

〔註71〕《孟子集注》，卷6，〈滕文公〉章句下，頁272。

〔註72〕《左傳思想探微》，頁162。

「賞」之過猶不及的討論。「賞」之於「有功者」；「刑」之於「有罪者」，陟罰臧否，都不應有異，國君一旦執政不公，「過」與「不及」，都會影響民心之向背。

〈隱公十一年〉：鄭莊公於太廟分發兵器，子都因與穎考叔爭奪兵器之嫌隙而懷恨在心，及伐許國時，穎考叔率先登城，子都從城下射之，穎考叔中箭墜下而死，鄭莊公並未對自己寵幸的子都加刑，反而用祭神詛咒的方式來平息眾怒，因此君子評其「失政刑」：

> 鄭莊公失政刑矣。政以治民，刑以正邪。既無德政，又無威刑，是以及邪。邪而詛之，將何益矣。〔註73〕

「刑」是「政」（政策、政令）的範疇之一，是上位者「治民」的手段。用「刑」的目的主要是殺雞儆猴，使「邪」的風氣得到匡正，就此終止，避免其他人引以效尤，故曰「刑以正邪」，〔註74〕同時，也是對守法者的保護。上位者有權施「刑」，「刑」象徵著威信，亦即藉用威嚴向軍民取信，但鄭莊公顧忌於對子都的寵溺，用詛咒的方式想矇騙軍民，企圖取代對子都的刑罰，然而《左傳》認為莊公對這件的處理上既對人民無助益，又不能展現其威信，實已失去了「政」、「刑」。

此外如〈襄公五年〉君子評共王「不刑」：

> 楚人討陳叛故，曰：「由令尹子辛實侵欲焉。」乃殺之。書曰：「楚殺其大夫公子壬夫。」貪也。君子謂：「楚共王于是不刑。」《詩》曰：「周道挺挺，我心扃扃，講事不令，集人來定。」己則無信，而殺人以逞，不亦難乎？《夏書》曰：「成允成功。」〔註75〕

楚人質問陳國背叛之因，陳國將罪歸咎於令尹子辛，控訴子辛為了滿足私欲而對小國索求無厭，陳人在不堪其擾的情況下，終生貳心而叛楚親晉。後來《左傳》解釋經文「楚殺其大夫公子壬夫」在於子辛貪婪無厭，但亦指責楚共王有「不刑」之罪。竹添光鴻對此的詮釋為：

> 壬夫，貪，固有國討之罪。然共王坐視其貪，使至陳叛而後殺之。故曰：不刑，不刑者言不得用刑之道也。〔註76〕

〔註73〕《左傳・隱公十一年》，卷4，頁81。
〔註74〕《左傳》曾兩次強調「刑以正邪」，詳見〈隱公十一年〉、〈成公十六年〉。
〔註75〕《左傳・襄公五年》，卷30，頁515。
〔註76〕《左傳會箋》，頁989。

意指楚共王雖能行刑，但已是亡羊補牢，子辛之貪，是由於共王的放任。共王對大臣不能明法示教。君子認爲國君在臣有過前，就應該要透過各種徵兆察覺其所帶來的後果，防微杜漸，並予以懲治，並非待大禍釀成才來用刑，因此君子認爲共王並未掌握用刑之道，此外，君子又引《詩》及《書》追溯到兩件事：一是共王亦放任公子申受小國之賂；二是背盟而敗于鄢陵，殺子反以屬諸侯。君子在指責共王的同時，以「信」與「不殺人以逞」定義「刑」。

對於鄭莊公的不能用刑、楚共王用刑不得其法，《左傳》皆責之，然而過度用刑，也不被《左傳》認同。如〈昭公三年〉晏子以「踊貴屨賤」暗諷景公繁於刑：

> ……公笑曰：「子近市，識貴賤乎？」對曰：「既利之，敢不識乎？」公曰：「何貴？何賤？」於是景公繁於刑，有鬻踊者，故對曰：「踊貴，屨賤。」既已告於君，故與叔向語而稱之。景公爲是省於刑。君子曰：「仁人之言，其利博哉！晏子一言，而齊侯省刑。《詩》曰：『君子如祉，亂庶遄已。』其是之謂乎！」〔註 77〕

故事的前提是：景公欲替晏子更宅，但晏子以「近市之利」爲由，拒絕更宅。景公反問其「既近市，可知物價之貴賤？」晏子以「踊（假腳）貴，屨（鞋子）賤」應之，雖不明諫之，卻間接諷刺了景公「繁於刑」之弊，「繁」即「濫」，也就是「過度」，過度用刑使得人民動輒得咎，在舉手投足間無轉圜、彈性的空間，無形中也增加執政者與百姓之間的緊張關係。景公不僅明白晏子的言外之意並且於自省後進而「省刑」，其後，君子對此事提出評論：「仁人之言，其利博哉！晏子一言，而齊侯省刑。」「晏子」對應「仁人」；「省刑」呼應「利」（對人民有利）；「一言」則對應「博利」，君子曰除了藉由「一」與「博」的對比襯托出晏子功勞之大，同時也透露自身對「刑」的態度——過猶不及。

除了以鄭莊公、楚共王、齊景公之例，由負面的角度來評論對「君之刑」的看法，君子對於行刑能允執厥中之人，亦有正面的評價，如〈僖公二十八年〉，君子稱讚晉文公「能刑」、「不失賞刑」：

> 城濮之戰，晉中軍風于澤，亡大旆之左旃。祁瞞奸命，司馬殺之，以徇于諸侯，使茅茷代之。師還，壬午，濟河。舟之僑先歸，士會攝右。秋七月丙申，振旅，愷以入于晉。獻俘、授馘，飲至、大賞，徵會討貳。殺舟之僑以徇于國，民於是大服。君子謂文公其能刑矣，

〔註 77〕《左傳・昭公三年》，卷 42，頁 723～724。

三罪而民服。《詩》云：「惠此中國，以綏四方。」不失賞刑之謂也。〔註78〕

君子對文公的稱讚，主要是文公能懲治三個罪人，亦即：

殺顛頡以徇於師。

祁瞞奸命，司馬殺之，以徇于諸侯。

舟之僑先歸，殺舟之僑以徇於國，民於是大服。〔註79〕

「徇」字，杜預於〈桓公十三年〉：「莫敖使徇於師曰：『諫者有刑。』」〔註80〕一句中釋爲「徇，宣令也。」亦即楊伯峻所言的：「使將士遍知之。」〔註81〕言下之意，是藉由「刑」來殺雞儆猴，並樹立自己的威信，而執刑者之「威」與軍民之「信」並非在一朝一夕、或一個政令中就能建構起來，必須日積月累，並仰賴執刑者對刑罰的貫徹，是否抱持著始終如一的態度。因此，《左傳》連用三個「徇」字代表文公對刑罰是多次的貫徹，而「徇於師」、「徇于諸侯」與「徇於國」，則是以三個由小到大的範圍（師、諸侯、國）來表示文公對刑罰的執行是放諸四海皆準，最後，以一句「民於是大服」畫龍點晴，肯定了文公善用刑罰的成效。

由上述諸例可以看出《左傳》君子不但重「刑」，而且肯定「刑」的功效，但這不免衍生一個問題：若說《左傳》的成書是因爲「懼弟子人人異端，各安其意，失其眞，故因孔子史記具論其語」，〔註82〕那麼，「用刑治國」是否眞的出於孔子的思想？《論語》〈爲政〉篇裡孔子認爲要用「德」、「禮」取代「政」、「刑」治國；〔註83〕〈顏淵〉篇裡孔子回應季康問政，也認爲上位者要用「以德化民」來取代「刑罰」，〔註84〕然而〈子路〉篇裡的孔子卻主張刑罰要適當，〔註85〕《荀子・宥坐》及《史記》皆有孔子誅少正卯的記載，〔註

〔註78〕《左傳・僖公二十八年》，卷16，頁276。

〔註79〕此三句分別見於《左傳》〈僖公二十八年〉，卷16，頁270、頁275、頁276。

〔註80〕《左傳・桓公十三年》，卷7，頁125。

〔註81〕《春秋左傳注》，頁137。

〔註82〕《史記・十二諸侯年表》，卷14，頁228。

〔註83〕《論語集注》，卷1，〈爲政〉第2，頁54。「道之以政，齊之以刑，民免而無恥；道之以德，齊之以禮，有恥且格。」

〔註84〕《論語集注》，卷6，〈顏淵〉第12，頁138。「季康子問政於孔子曰：『如殺無道，以就有道，何如？』孔子對曰：『子爲政，焉用殺？子欲善，而民善矣。君子之德，風；小人之德，草，草上之風，必偃。』」

〔註85〕《論語集注》，卷7，〈子路〉第13，頁141～142。「子路曰：『衛君待子而爲政，子將奚先？』子曰：『必也正名乎！』子路曰：『有是哉，子之迂也！奚

86〕《左傳》於〈昭公二十年〉記載孔子「寬以濟猛，猛以濟寬，政是以和。」之語，〔註 87〕似乎也暗示著爲政不能僅仰賴「德」，那麼，孔子認爲爲政該用「德」或用「刑」？而《左傳》君子重刑的思想價值與孔子的相關性或謂其根源於何？或非能以簡筆帶過，因此，本文將於第五章第一節深入探討。

三、其他（喪、祀）

「君子曰」提及諫的內容，另有由「喪禮」以及由「祀禮」作爲切入點，但實則扣緊人臣應肩負起勸諫的輔弼之責。因兩則皆爲單例，歸於此節並談。

〈文公二年〉一則，起於宋文公之喪，君子針對喪事的外在形式發聲：

八月，宋文公卒，始厚葬，用蜃炭，益車馬，始用殉，重器備，椁有四阿，棺有翰、檜。君子謂「華元、樂舉於是乎不臣。臣，治煩

其正？」子曰：『野哉由也！君子於其所不知，蓋闕如也。名不正，則言不順；言不順，則事不成；事不成，則禮樂不興；禮樂不興，則刑罰不中；刑罰不中，則民無所措手足。」

〔註 86〕詳參〔清〕王先謙：《荀子集釋》，頁 520～521。（北京：中華書局，1988 年）「孔子爲魯攝相，朝七日而誅少正卯。門人進問曰：『夫少正卯，魯之聞人也，夫子爲政而始誅之，得無失乎？』孔子日：『居，吾語女其故。人有惡者五，而盜竊不與焉：一曰：心達而險；二曰：行辟而堅；三曰：言僞而辯；四曰：記醜而博；五曰：順非而澤。此五者有一於人，則不得免於君子之誅，而少正卯兼有之。故居處足以聚徒成群，言談足飾邪營眾，強足以反是獨立，此小人之桀雄也，不可不誅也。是以湯誅尹諧，文王誅潘止，周公誅管叔，太公誅華仕，管仲誅付里乙，子產誅鄧析史付，此七子者，皆異世同心，不可不誅也。《詩》曰：『憂心悄悄，慍於群小。』小人成群，斯足憂也。」另，《史記・孔子世家》，卷 47，頁 732～733。亦載孔子誅少正卯一事，只是記事較略：「定公十四年，孔子年五十六，由大司寇行攝相事，有喜色。門人曰：『聞君子禍至不懼，福至不喜。』孔子曰：『有是言也，不曰『樂其以貴下人』乎？』於是誅魯大夫亂政者少正卯、與聞國政。三月，粥羔豚者弗飾賈。男女行者別於塗。塗不拾遺。四方之客至乎邑者，不求有司，皆予之以歸。」

〔註 87〕《左傳・昭公二十年》：「鄭子產有疾，謂子大叔曰：『我死，子必爲政。唯有德者能以寬服民，其次莫如猛。夫火烈，民望而畏之，故鮮死焉；水懦弱，民狎而翫之，則多死焉，故寬難。』疾數月而卒。大叔爲政，不忍猛而寬。鄭國多盜，取人於萑苻之澤。大叔悔之，曰：『吾早從夫子，不及此。』興徒兵以攻萑苻之盜，盡殺之，盜少止。仲尼曰：『善哉！政寬則民慢，慢則糾之以猛。猛則民殘，殘則施之以寬。寬以濟猛，猛以濟寬，政是以和。詩曰：『民亦勞止，汔可小康，惠此中國，以綏四方』，施之以寬也。『毋從詭隨，以謹無良，式遏寇虐，慘不畏明』，糾之以猛也。『柔遠能邇，以定我主』，平之以和也。又曰『不競不絿，不剛不柔，布政優優，百祿是遒』，和之至也。」

去惑者也，是以伏死而爭。今二子者，君生則縱其惑，死又益其侈，是棄君於惡也，何臣之爲？」〔註 88〕

《左傳》給予華元及樂舉兩人的評價爲「何臣之爲？」（稱得上什麼臣子呢？），以反詰的口吻間接地道出了「不臣」的負面評價，理由在於「君生縱其惑，死又益其侈」。在這段原文中呈現的是在宋文公卒後「益其侈」的具體事蹟，即「始厚葬」，而「用蜃炭，益車馬，始用殉，重器備，槨有四阿，棺有翰、檜」則是說明了厚葬的細節。人的生命在宇宙中彷彿浮雲朝露，不管身處何種位置，身繫何種頭銜，其價值在於這一生是否能克盡其職，所做的努力是否能不愧屋漏，實現自己應爲及當爲之事，且對周遭的人事物有所貢獻，而並非是在生命殞落後，以華麗的外在事物來堆砌自己的光環，彰顯虛有的名聲。「車馬」原是用來便利交通或作戰的工具，對人類具有功能性的意義，用以殉葬，將可用之物的功能性降爲零，是浪費民膏民脂；而「用殉」則是不尊重一個人生存的價值，人的貧富貴賤雖隨著先天的環境、後天的際遇而有所分判，能力也隨著先天的質資及後天的教養有軒輊之別，但生命卻是一樣的珍貴。孔子對於「始作俑者」〔註 89〕尚且深痛惡絕，又何況是「用殉」呢？此外，不將人力及心力從事在對國家人民有益之事，反而著重於個人器物之雕琢，將價值觀堆砌於個人華美的外飾上，其對國事、人民的漠視已躍然紙上，因此君子的評論不將矛頭指向宋文公，反要斥責未盡到輔佐之責的華元及樂舉。

《左傳》認爲「臣，治煩去惑者」，「去惑」、「治煩」對應於後文的「生；縱其惑」、「死；益其侈」，國君「生」時，若有「惑」；「死」時，若有「煩」，〔註 90〕臣要爲其「治」、「去」，即爲國君破除疑惑（迷惑）〔註 91〕及消除死後在禮制外的繁文縟節。「伏死而爭」指的是即使冒著生命危險也要竭力去勸諫，華元和樂舉沒有盡到「爭（諍）」之責，有失爲臣之責，因此被認爲是「不臣」。

君子在此以「喪禮」的合宜與否作爲切入點：當國君處於疑惑（迷惑）中，臣子能主動勸諫，給予指引及導正，是《左傳》認爲身爲人臣的重要輔弼之任。

〔註 88〕《左傳・成公二年》，卷 25，頁 427。

〔註 89〕《孟子集注》，卷一，〈梁惠王章句上〉，頁 205。

〔註 90〕「煩」之意採竹添光鴻：《左傳會箋》頁 823「即下文之侈是也。侈者，必煩。」（臺北：天工書局，1998 年）

〔註 91〕本文的理解爲：國君陷入難以抉擇的窘境，是爲疑惑；已做了錯誤的決策或迷失於錯誤中，是爲迷惑，而臣子須肩負起引導及糾正的責任。

而在同年，《左傳》書寫了夏父弗忌逆祀之事：

> 秋八月丁卯，大事於大廟，躋僖公，逆祀也。於是夏父弗忌爲宗伯，尊僖公，且明見曰：「吾見新鬼大，故鬼小，先大後小，順也。躋聖賢，明也。明、順，禮也。」君子以爲失禮：「禮無不順。祀，國之大事也，而逆之，可謂禮乎？子雖齊聖，不先父食久矣！故禹不先鯀，湯不先契，文、武不先不窋。宋祖帝乙、鄭祖厲王，猶上祖也。是以〈魯頌〉曰：『春秋匪懈，享祀不忒，皇皇後帝，皇祖后稷。』君子曰『禮』，謂其后稷親而先帝也。《詩》曰：『問我諸姑，遂及伯姊。』君子曰：『禮』，謂其姊親而先姑也。」
>
> 仲尼曰：「臧文仲，其不仁者三，不知者三。下展禽，廢六關，妾織蒲，三不仁也。作虛器，縱逆祀，祀爰居，三不知也。」〔註 92〕

《左傳》在此評議了兩人：「君子」評夏父弗忌「失禮」，又以「仲尼」評臧文仲「不知也」，皆與「逆祀」有關。據傅隸僕《春秋三傳比義》的說法：

> 在承嗣的禮法上，有世次與廟次之分，世次是屬於家庭倫常的……廟次是屬於廟制的，也就是君位繼承的次序……假使這些廟主都是父子相承，自然是無問題，但在封建制度上，承繼君位在以嫡子爲先，庶子雖年長，也不得繼承。由於嫡子年幼踐祚，而中途短命，無子可嗣時，就不得不選庶子來繼承了。如閔公與僖公就是這樣的，閔公幼年嗣立，未三年就死了，無子可承，就由庶兄僖公嗣位，僖公死後，僖公的神主入廟，就當把閔公的神主由穆廟升到昭廟，也即是升到父親的地位，僖公的神主進入閔公的原廟，而成爲穆，也就是說僖公在廟次中成了閔公的嗣子，以兄作子，在世次說是亂倫的，但在廟次說，是合禮的，文公爲僖公的兒子，覺得這樣的廟次太委屈他的父親僖公了，於是暗示臧文仲把僖公的神主升到閔公之上，以僖公爲昭，閔公爲穆，臧文仲便授意宗伯夏父弗忌執行了，經文只說「躋僖公」，躋即升的意思，左氏以經義在譏倒亂廟次，故曰「逆祀也」以下所引詩頌的議論，都是在證明以私恩亂禮之非。〔註 93〕

〔註 92〕《左傳・文公二年》，卷 18，頁 302～303。

〔註 93〕〔民國〕傅隸僕：《春秋三傳比義》，頁 18～19。（北京：中國友誼出版公司，1984 年）

夏父弗忌擔任掌禮之官，竟將享祀之位升僖公於閔公之上，依當時廟次禮制，僖公繼承閔公，閔公固當在上，因此君子責其於禮「不順」、「逆」、「失禮」。此外，《左傳》另以「仲尼」責臧文仲「不知」，楊伯峻認為：

> 蓋臧文仲自莊公立於魯之朝廷，歷閔公、僖公以至文公，已為四朝老臣，其言行足以左右當時，雖此時執政者為公子遂，為季孫行父，但文仲不據當時之禮以止之，斯孔丘所以獨責之歟？〔註 94〕

臧文仲在當時位高權重，對於文公逆祀之念頭並未加以勸諫、止之，反而授意夏父弗忌執行之。因此，《左傳》在駁斥夏父弗忌「新鬼大故鬼小」的謬論外，也貶抑了臧文仲有失諫之責。

「祀」原為祈求神鬼賜其福祇以庇蔭百姓，本應重視的是「天地」、「先人」及「神鬼」，然而前文所提及之「祀」，其實是對「輩份倫理」、「禮制」的討論，而《左傳》凡二次言「民，神之主也。」，又以為祭品之馨香取決於祭者之德行，將祭祀的意義回歸至人事的反省，因此，亦成了「君子曰」著重的「諫」之層面。

四、小結

「君子曰」所見強調：人臣應諫的層面有四：「戰事前的準備」、「對人民的刑罰」、「喪」及「祀」，若以筆墨及篇幅來比較，君子於「戰事前的準備」著墨最深；「對人民的刑罰」次之；「喪」及「祀」都僅只單例，亦即：君子強調前兩者勝於後兩者。試想其故，本文提出這樣的解釋：因為戎事，茲事體大，牽繫著整個國運及人民，參與戰事的或許只有少數的軍民，但戰事不管勝敗，帶來的災難，例如家破人亡、流離失所、疾病、悲痛……等等，影響的卻是廣大庶民的生活。君子不談戰爭中、也不談戰爭後的勸諫，因為戰火一旦點燃，即使能亡羊補牢，傷害已然形成，因此君子期望執政者能在戰事前多作預備，那麼即使戰爭是必要的，也可以使傷害降到最低，由此點看來，君子著重「以社稷為念」之諫臣。

而「刑」之於「有罪者」，所影響的範圍當然不如戰事來得廣泛，但上位者執刑若太過，則會使人民動輒得咎，甚至無辜受害；執刑若不及，則邪僻的風氣無法得到遏止，過猶不及都會影響人心的向背，這是身為股肱之臣所不願見到的，因此亦為君子重之。

〔註 94〕《春秋左傳注》，頁 526。

另外如宋文公的喪禮、臧文仲放任夏父弗忌逆祀之事，君子其實反對當時用殉、輕賤人命的作爲，亦駁斥不重輩份倫理的祭祀，但與人民的福祉相較，其輕重緩急有別，因此也就不能等同視之了。

第四節　諫的類型與諫臣的時代侷限

如同第二小節所言：當《左傳》史家記錄政事，選擇用「諫」字時，就已經揭示了「君有過」的前提，當居下位之臣欲向居上位之君說出其「有過」之事實，在勸諫或溝通的過程，必然猶如兩顆石頭會擦撞出火花，而火花的大小、長短會隨著石頭硬度、摩擦力道、環境的氛圍（溼度、風速）而有所不同，意即：臣子所展現「諫」的方式，與自身或君王個性強硬、事件的緩急、時機、政治氛圍都有很大的關係。

本小節由君子所談的「諫」的類型爲切入點，對於能諫之臣，君子總能予以褒揚，例如稱強諫的鬻拳「愛君」；稱順諫的石碏「純臣」；稱隱諫的晏子「仁人」。《左傳》強調臣子「諫」的責任，然而並非適用於任何情況，君王若昏庸無道，則可「弗諫」，《左傳》又以「仲尼曰」帶出洩冶、鮑牽的遭遇，呈現了臣在整個時勢動盪、價值觀崩壞之下仍有其侷限的無奈。

由於「諫」在君臣的政治互動上是不可或缺的環節，因此自先秦至漢初開始，學者們紛紛歸納當時的歷史文獻，發展了各自的「五諫」之說。「五諫」首見於《公羊傳・莊公二十四年》何休的注疏：

> 諫有五：一曰諷諫，孔子曰：「家不藏甲，邑無百雉之城，季氏自墮之。」是也；二曰順諫，曹羈是也；三曰直諫，子家駒是也；四曰爭諫，子反請歸是也；五曰戇諫，百里子、蹇叔子是也。〔註95〕

而在劉向的《說苑・正諫》關於「五諫」的記載爲：

> 一曰正諫，二曰降諫，三曰忠諫，四曰戇諫，五曰諷諫。孔子曰：「吾其從諷諫乎！」〔註96〕

另外，班固的《白虎通・諫諍》的五諫是：

> 人懷五常，故知諫有五：其一曰諷諫，二曰順諫，三曰闚諫，四曰指諫，五曰陷諫。諷諫者，智也，知禍患之萌，深睹其事，未彰而

〔註95〕〔清〕陳立著：《公羊義疏》，頁601（臺北：臺灣商務印書館，1982年）

〔註96〕《說苑疏證》，卷9〈正諫〉，頁239。

諷告焉，此智之性也。順諫者，仁也，出辭遜順，不逆君心，此仁之性也。闚諫者，視君顏色不悅，且卻，悅則復前，以禮進退，此禮之性也。指諫者，信也，指者，質也，質相其事而諫，此信之性也。陷諫者，義也，惻隱發於中，直言國之害，勵志忘生，爲君不避喪身，此義之性也。孔子曰：「諫有五，吾從諷之諫。」〔註97〕

此外，《孔子家語・辨政》亦提到：

孔子曰：「忠臣之諫君，有五義焉。一曰譎諫，二曰戇諫，三曰降諫，四曰直諫，五曰諷諫。雖度主而行之，吾其從諷諫乎。〔註98〕

以上的四種「五諫」的說法，名稱各有錯出，分類標準所據不一，〔註99〕而本文將行諫的方式化簡爲二：一是勸諫的態度（強或柔）；二是勸諫的方式（隱或直）。在《左傳》中，所舉的「諫」之例不勝枚舉，然而君子將諸多的諫之例收束此二大方向下，鬻拳、石碏、晏子、洩冶及鮑牽正好可代表勸諫方式的四個向度，亦即：強、柔、隱、直。而在此四個向度之外，尚有一個潛在、必須考量的標準——即「勸諫的頻率」（該何時而止）。

〈莊公十九年〉載「鬻拳強諫楚子」之事：

十九年春，楚子禦之，大敗於津。還，鬻拳弗納，遂伐黃，敗黃師於踖陵。還，及湫，有疾。夏六月庚申，卒。鬻拳葬諸夕室。亦自殺也，而葬於絰皇。

初，鬻拳強諫楚子，楚子弗從。臨之以兵，懼而從之。鬻拳曰：「吾懼君以兵，罪莫大焉。」遂自刖也。楚人以爲大閽，謂之大伯，使其後掌之。君子曰：「鬻拳可謂愛君矣。諫以自納於刑，刑猶不忘納君於善。」〔註100〕

君子給予鬻拳「愛君」的評論，具體事蹟則展現於其「諫」與「刑」這兩件事上。

《左傳》記載：鬻拳曾「強諫」楚子，「諫」本爲不易之事，人隨著年歲

〔註97〕〔清〕陳立撰；楊家駱主編：《白虎通疏證等二種》，頁78。（臺北：鼎文書局，1973年）

〔註98〕〔民國〕陳士珂輯：《孔子家語疏證》第二冊，頁89。（北京：中華書局，1985年）

〔註99〕例如陳立的《白虎通疏證》就提出釐清：認爲直諫與指諫同，戇諫與陷諫同，譎諫與窺諫同，降諫與順諫同。詳參《白虎通疏證等二種》，頁78。

〔註100〕《左傳・莊公十九年》，卷9，頁160。

的增長，在不斷地經驗中，定見與價值觀無形中早已根深蒂固，當外來的意見與自我的定見產生分歧，有些人會在思辨後，反省自我，虛心改進；有些人會在權衡後，爲自我尋得雙方看法的平衡點，然而卻也有些人，囿於所見，杜絕他人的意見。若所諫之事小，影響的僅爲個人，但鬻拳所諫之人爲國君，一個國君所下的決定影響的常非個人之事，而在於整個國家。因此，「強諫」、「弗從」不僅代表楚子定見之深，鬻拳勸諫之難，更意味著勸諫過程是一種「勉強」，然而，這種勉強卻是鬻拳希望協助國君將事情處理得更美善的堅持。而身爲一個臣子的堅持能與國君的威勢抗衡到什麼地步？楚子最終「從之」，並非是經過權衡和思慮鬻拳之言的結果，而是畏懼鬻拳手上的武器。犯君本是大罪，鬻拳並不提國君不從善如流之過，反而歸咎於自己：「吾懼君以兵，罪莫大焉。」此外，又不假國君之手而自刖，更是表現了護君之心，讓國君免蒙上賜罪功臣之咎。楚人或能明白鬻拳之賢，使其與後嗣主掌「大閽」（守門）一職。

另外，當楚文王抵禦巴人叛亂之師回城時，鬻拳又「弗納」，以一個大閽身份阻絕國君入城，本爲大逆不道之事，然而由文王因敗轉功（「大敗於津」→「敗黃師於踖陵」）可知《左傳》在字裡行間裡已解釋了鬻拳之功，鬻拳昔日的「弗納」，是在考量政治情勢後，不得已才對國君作出非禮之舉，由於鬻拳的「弗納」之罪才成就了文王反敗爲勝之功，甚至連文王因疾而終，鬻拳亦可爲之而死，其愛君之心，由生至死始終如一，而楚人亦有成全鬻拳之美意，將其葬於文王殿前之庭（經皇），使其生能任大閽之職，死亦能侍君於地下爲守衛。

鬻拳爲國君犧牲至此，可以輕忽自己的軀體、名譽，總是設身處地的爲國君著想，將國君置於第一，由此看來，鬻拳可稱得上是名副其實的「愛君」之臣，因此《左傳》評論其：「諫以自納於刑，刑猶不忘納君於善」，「刑」可以「自納」，（爲文王自刖），而受刑後，名譽（「臨之以兵」、「弗納」以下犯上之罪）亦可拋諸腦後，只爲了成就國君之「善」。

鬻拳的「諫之」、「拒之」、「弗納」表現的是一種固執、堅決、強硬的態度，但最終都是爲了成就國君、國事的美善，可視爲強諫的類型之一。

相較於鬻拳的強諫，石碏勸諫的方式就顯得和順許多，君子給予石碏如此的評價：

> 君子曰：「石碏，純臣也。惡州吁而厚與焉。『大義滅親』，其是之謂乎！」〔註 101〕

〔註 101〕《左傳・隱公四年》，卷 3，頁 57。

而此必須回溯到〈隱公三年〉、〈隱公四年〉的史事記載：當衛莊公縱容嬖人之子州吁而弗禁時，石碏早已能見微知著，預知國家早晚會速禍，因此以「六逆六順」諫之，《左傳》筆下的石碏，是個敦厚沉斂的老臣，有著蘊藉的人生智慧，他不像鬻拳的情感激昂強烈，以強諫的方式與楚子周旋到底，在勸諫衛莊公時，雖然內心擔憂的是國家的興亡，但以「臣聞愛子，教之義方，弗納於邪」幾句機智地切入話題，是站在自己也有兒子的立場，分享自己疼愛小孩的想法——該教什麼？不讓孩子成爲什麼？以委婉又深長的態度，期望與莊公站在同是爲孩子設想的境地。不過，終究是說服不了莊公，石碏深知力有不逮，暫告退休，石碏的告老，不代表從此對國事就冷眼旁觀，而是靜待時機遏止州吁對衛國的殘害，等到州吁即位，石碏之子石厚與其交遊密切，眾叛親離，未得民心，石碏知時機已到，便借助陳國的力量，以弒君之罪，殺了州吁和石厚。

《左傳》以「純臣」視爲對「石碏」的整體評價。《國語・晉語》對「臣」字的解釋爲：「事君不貳是謂臣。」但本文認爲：石碏「不貳」之心並非表現於「事君」，而是「事國」，或者說「事民」，時時謹遵著身爲臣子的責任：當石碏勸諫衛莊公時，爲了顧及國家的未來，願意冒著犯上的名義，而他所諫之事，可能足以動搖甚至分裂國君的親子關係時，是需要多大的勇氣；當石碏力有未逮而告老時，心中仍不忘牽繫著國家的危殆，「居廟堂之高，則憂其君；處江湖之遠，則憂其民」可以說是石碏最佳的寫照了。此外，當石厚與州吁交往密切，石碏禁之，未嘗又不愛其子？最後雖然選擇了「大義滅親」，石碏內心必然經過一段長時間的煎熬與思慮，其中的悽愴更是不言而喻，但石碏就是如此恪守人臣的道義，而其勸諫的方式委婉、帶著沉斂的智慧，可視爲順諫的類型之一。

若說鬻拳和石碏是由勸諫態度的強、柔作爲區分，那麼晏子和洩冶、鮑牽就是以勸諫方式的隱、直作爲區別。晏子過人的機智在《晏子春秋》已有諸多記載，《左傳》是以晏子「用隱諫省刑」一事來呈顯其在政治上聰慧而委婉的應對：

> 初，景公欲更晏子之宅，曰：「子之宅近市，湫隘囂塵，不可以居，請更諸爽塏者。」辭曰：「君之先臣容焉，臣不足以嗣之，於臣侈矣。且小人近市，朝夕得所求，小人之利也，敢煩裏旅？」公笑曰：「子近市，識貴賤乎？」對曰：「既利之，敢不識乎？」公曰：「何貴？

> 何賤？」於是景公繁於刑，有鬻踊者，故對曰：「踊貴，屨賤。」既已告於君，故與叔向語而稱之。景公爲是省於刑。君子曰：「仁人之言，其利博哉！晏子一言，而齊侯省刑。《詩》曰：『君子如祉，亂庶遄已。』其是之謂乎！」及晏子如晉，公更其宅。反，則成矣。既拜，乃毀之，而爲裏室，皆如其舊，則使宅人反之，曰：「諺曰：『非宅是卜，唯鄰是卜。』二三子先卜鄰矣。違卜不祥。君子不犯非禮，小人不犯不祥，古之制也。吾敢違諸乎？」卒復其舊宅，公弗許，因陳桓子以請，乃許之。〔註102〕

這段史實，是以齊景公更晏子之宅爲脈絡，敘述了兩件事：主線是「景公爲晏子更宅」這件事，作者於此著墨較多，副線是「景公繁於刑」一事，屬間接穿插的性質。

故事的大要是：景公認爲晏子之宅「湫隘囂塵，不可以居」，建議晏子更宅，但受到婉拒。及晏子至晉，景公乘機爲其更宅（由下文可知：「更宅」並非又爲晏子另築處所，而是毀其鄰之宅而增其宅之規模），晏子明白景公出於善意，因此「既拜」而後「毀之」，欲回復原本被侵佔的民宅，景公始終「弗許」，後晏子託桓子代爲請求，景公才「許之」。

而在更宅中間發生了一件插曲：晏子以「近市之利」爲由，拒絕更宅。景公反問其「既近市，可知物價之貴賤？」晏子以「踊（假腳）貴，屨（鞋子）賤」應之，間接諷刺了景公「繁於刑」之弊，「繁」即「濫」，也就是「過度」，景公因瞭解晏子的言外之意而「省刑」。其後，《左傳》的君子對此件史事提出評論：「仁人之言，其利博哉！晏子一言，而齊侯省刑。」因爲晏子有仁人之心，有鑒於當時刑罰過於頻繁而造成人民動輒得咎，基於對人民之悲憫化爲一言，讓當時刑之「繁」轉爲「省」，爲人民爭取莫大之利，可見這適時的一言來得多麼重要。

回歸到最初的「景公更晏子之宅」的討論，在《左傳》的記載中，「景公省刑」並非獨立的一條主線，而是附屬於「景公更宅」這件事的插曲，晏子因近市之利而不肯更宅，景公才問：「子近市，識貴賤乎？」這個提問是突發性的，晏子乘機順適地帶出「踊貴，屨賤」的回應，雖然未直指其「繁於刑」之弊，但宛如給景公當頭棒喝，晏子以隱喻的方式來勸諫，不僅可以避免與國君之間的衝突，而亦收其成效。

〔註102〕《左傳・昭公三年》，卷42，頁723～724。

相對於鬻拳、石碏及晏子，洩冶與鮑牽之直諫並未得到君子的稱頌。宣公九年及十年載「洩冶諫陳靈公」之事：

> 陳靈公與孔寧、儀行父通於夏姬，皆衷其衵服，以戲於朝。洩冶諫曰：「公卿宣淫，民無效焉，且聞不令。君其納之！」公曰：「吾能改矣。」公告二子，二子請殺之，公弗禁，遂殺洩冶。孔子曰：「《詩》云：『民之多辟，無自立辟。』其洩冶之謂乎！」〔註 103〕
>
> 陳靈公與孔寧、儀行父，飲酒於夏氏，公謂行父曰：「徵舒似女。」對曰：「亦似君。」徵舒病之，公出，自其廄射而殺之。〔註 104〕

《逸周書・諡法解》釋「靈」爲「亂而不損」，〔註 105〕而對於陳靈公「亂」的事蹟，《左傳》鋪敘不多，但皆聚焦於與夏姬、孔寧、儀行父淫亂之事。「衵」是女子私密之汗衣，「朝」是君臣公開商議國事之處，國事與百姓之福祉息息相關，氣氛理應端正嚴肅，但竟淪爲君臣宣淫、嬉戲之地，令人嘆惋！而古制諸侯非問病、弔喪不入諸臣之家，靈公大方出入大夫御叔之第，與其妻沉湎酒色，君臣之間毫無分際，言行更是寡廉鮮恥，對於如此荒唐無道之君，洩冶雖善盡勸諫之責，卻爲自己惹來殺身之禍，《左傳》並未大力歌頌洩冶能「因諫殉職」，反而以孔子引《詩》「民之多辟，無自立辟」之語作爲收束，意謂著人臣若遇邪僻之君，無道之時，以微薄之力無法力挽狂瀾時，就勿自立法度以危身。楊伯峻亦引《孔子家語》認爲洩冶之於靈公，無骨肉之親，又屬異姓之臣，大可不必以區區一身，正一國之淫昏。〔註 106〕

此外，類似之例尚有〈成公十七年〉「鮑牽因諫而遭刖刑」之事：

> 齊慶克通於聲孟子，與婦人蒙衣乘輦而入於閎。鮑牽見之，以告國

〔註 103〕《左傳・宣公九年》，卷 22，頁 380。

〔註 104〕《左傳・宣公十年》，卷 22，頁 382。

〔註 105〕〔清〕朱右曾撰：《逸周書集訓校釋》，卷 6，〈諡法〉第 54，頁 97。（臺北：臺灣商務印書館，1968 年）

〔註 106〕見《春秋左傳注》，頁 702～703。《孔子家語》雖相傳出於〔三國〕王肅之手，但誠如李隆獻在〈《左傳》「仲尼曰」敘事芻論〉一文所言：「徵諸《論語》，孔子確有「免於刑戮」、「無道則愚」、「不可則止」、「危行言孫」等層面的思考。」（詳參《臺大中文學報》第 33 期，2010 年 12 月）除此，本文則認爲：孔子之審時度勢不獨表現於政事，其對父母、朋友勸諫的態度亦是抱持著「不可而止」的一致性，例如：「事父母幾諫，見志不從，又敬不違，勞而不怨。」、「子貢問友。子曰：『忠告而善道之，不可則止，無自辱焉。』」因此，《孔子家語》的立論不妨作爲參考。

> 武子。武子召慶克而謂之。慶克久不出，而告夫人曰：「國子謫我。」夫人怒。國子相靈公以會，高、鮑處守。及還，將至，閉門而索客。孟子訴之曰：「高、鮑將不納君，而立公子角，國子知之。」秋七月壬寅，刖鮑牽而逐高無咎。高弱以盧叛。無咎奔莒。齊人來召鮑國而立之。……仲尼曰：「鮑莊子之知不如葵，葵猶能衛其足。」〔註 107〕

聲孟子爲齊靈公之母，母以子貴，在齊國享有極高的尊榮與待遇，《左傳》在〈成公十六年〉就曾提及：「齊聲孟子通僑如，使立于高、國之間。」〔註 108〕聲孟子在與魯國僑如私通期間，竟能使其權位媲美世任齊國上卿的高氏、國氏，往後與齊慶克通姦之際，慶克所能享到的殊榮可想而知。然而鮑牽或許未能審度當時齊國的情勢，將慶克與聲孟子私通之事稟報國武子後，正義並非因此申張，反激起聲孟子之怒而對靈公讒言，鮑牽是整起事件的導火線，淪落刖刑的下場，本無可厚非，而國武子與高無咎卻因鮑牽之諫而慘遭池魚之殃。以道德層面而言，慶克與聲孟子的淫亂關係於禮不合，本是最該撻伐的二人，但《左傳》卻在文末以「仲尼曰」的方式評論鮑牽之「不知」，並以「葵猶能衛其足」來嘲諷鮑牽身處危亂之境，不懂審時度勢，反遭刖刑。

鬻拳、石碏、晏子、洩冶、鮑牽同樣都出於對國家的盡忠之心而諫，但得到的成效不同，君子對其評價便有別。這不禁讓人納悶：該勸諫到什麼樣的程度才是適宜的？而這恐怕沒有答案。「諫」與「不諫」間是需要極高的智慧，在「危君」與「危身」之間必須要能斟酌得宜，否則因諫而無故犧牲，將使諫化爲徒勞無功。君子贊同人臣需肩負起諫的責任，但洩冶及鮑牽在諫後竟以危身收束，在整個大時代的動盪之下，國君的暴虐無道，爲人臣者即使想要恪盡諫的職責，仍有其時代的侷限——亦即進退失據的無奈與悲哀。

〔註 107〕《左傳・成公十七年》，卷 28，頁 482。
〔註 108〕《左傳・成公十六年》，卷 28，頁 480。

第三章　忠——君與臣對應社稷的態度

本章由「忠」作爲切入點，旨在探討君子認爲君臣實踐「忠」的態度，對應的對象及具體的作爲爲何。本章共分爲二節，第一節將春秋時人「忠」的對象區分爲二：一是臣民對君的絕對服從；二是君臣以社稷爲主，並歸納君子所稱許的忠爲「臣效命於社稷」。第二節則以人民的時代需要作爲探討，歸結君子認爲君臣忠於社稷的當務之急爲「舉善用賢」。

第一節　君與臣「忠」的對象

關於「忠」字的起源，王聰明研究指出：

> 就目前之考古及歷史資料加以觀察，則甲文、金文均無忠字，即尚書、詩經及周易卦爻辭等亦無之。〔註1〕

屈萬里則說：

> 《周易》掛爻辭也沒有（按：忠字）。《尚書》28 篇（或分爲 29 篇）、《詩經》將近 4 萬字中也不見一個忠字（《春秋經》1 萬 8 千字沒有忠字，因爲它的文例特殊，不計。）在孔子以前，人們不重視忠，孔子才加以大力提倡……。〔註2〕

〔註 1〕〔民國〕王聰明：《左傳之人文思想研究》，頁 68。（國立臺灣師範大學碩士論文，1987 年）相同看法：「在甲骨文和西周金文中找不到能夠隸定爲「忠」之文字的事實，使得學者懷疑在儒家主張之前並沒有存在一種「價值概念化」的「忠」。（〔日本〕佐藤將之：《中國古代的「忠」論》，頁 37，臺北：臺大出版中心，2011 年）

〔註 2〕〔民國〕屈萬里：〈孔子的述與作〉。（《孔孟學報》，卷 10 期 12，頁 22，1972 年）

不過對於屈萬里的說法，佐藤將之提出兩點釐清：一是《論語》裡的「忠」大部份的用法屬於「個人倫理」層面，而專門涉及「君臣關係」的爲少數；二是在《論語》中專論「君臣」關係的「忠」字用例較少的原因，可能是由於在春秋時代作爲對「社稷」的「忠誠」之「忠」概念已被爲當時重要的價值之一，而對當時的知識分子而言，此層面根本不必特別提及。〔註3〕由上述可知，在《左傳》之前的典籍，作爲君臣關係的「忠」字很少被提及，而記君臣之事爲主的《左傳》裡，「忠」的概念大量的出現，因此，談論《左傳》的君臣關係時，對「忠」的探討是必須的。

關於「忠」字的解釋，《說文解字》說：「忠，敬也。盡心曰忠。」；段玉裁注曰：「敬者，肅也，未有盡心而不敬者。」；〔註4〕朱熹釋《論語》「忠」字爲「盡己之謂忠」，〔註5〕可見「忠」的內涵離不開「敬」、「盡心」。而本小節旨在探討「君子曰」中討論的「敬」、「盡心」。春秋時人對「忠」的理解可由《左傳》窺見一斑，大體分爲兩種：一是「臣、民」對「君」絕對的服從；二是「君、臣」對「社稷」（民事）負責的態度，而君子所肯定的「忠」屬於後者。

一、傳統的模式：臣民忠於君

在《左傳》中，對「忠」的理解之一，是指效命的對象爲「君」，而這得由傳統的「策命委贄」制度談起：

楊寬《西周史》：

> 「策名」就是指「策命」禮，亦稱「錫命」禮，「委質」就是指「委贄」禮。西周、春秋之際，政治上君臣關係的確立，由上而下，按禮必須經過「策命」禮。由史官當場宣讀任命官職的命書，並將命書授給臣下，命書有一定的程式，如同國王當面用口語下命令一樣，先呼受命者之名，再任命官職或再敘明任命的理由，並加賞賜，用以表示官職、任務和權利的授予。同時君臣關係的確立，由下而上，按禮必須經過「委質」禮，由臣下拜見君上，「奠摯再拜稽首」，以表示對君上的臣服、忠心，並承擔對君上應盡的義務。這由上而下

〔註3〕《中國古代的「忠」論》，頁39。
〔註4〕《說文解字注》，頁507。
〔註5〕《論語集注》卷2，〈里仁〉第4，頁72。

和由下而上的兩種確立君臣關係的必要禮節，合稱起來，就叫做「策命委質」。……由此可見，「委質爲臣」之禮，不僅表示在政治上確立了君臣關係，臣下必須效忠於君上；同時還表示在經濟上確立了貢納關係，臣下必須按規定貢獻於君上。〔註6〕

這段文字，說明了古代以「策命委贄」的形式確立了君臣在政治及經濟上的關係。如果說人與人之間產生關係，那麼關係應是彼此、雙向的，諸如父子之間，父對子有教養之任，子對父應存孝敬之心；師生之間，師對生有傳道解惑之責，生對師應行束脩之禮、有事服其勞、並存恭謹之心，而以「策命委贄」建立的君臣關係就誠如《論語》所說的：「君使臣以禮，臣事君以忠。」〔註7〕君賦予臣官職、任務和權利，但臣必須履行對君的義務，是絕對的「臣服」、「效忠」，這種「唯君是從」的觀念，深植於春秋時人之心。諸如〈僖公二十三年〉狐突回應晉懷公之語：

（狐突）對曰：「子之能仕，父教之忠，古之制也。策名委質，貳乃辟也。今臣之子，名在重耳，有年數矣。若又召之，教之貳也。父教子貳，何以事君？」〔註8〕

晉懷公以性命作爲威脅，希望狐突召喚其子狐毛及狐偃回國，毋從重耳，藉以削減重耳的勢力，但狐突卻認爲在其子有能力任官時，作爲父親最重要的責任就是教導兒子「忠」的道理，所謂「忠」，即是在策名委質的儀式後，必須對主子忠誠不二，否則，即是罪戾。此外，〈僖公九年〉載荀息爲盡忠貞而死：

初，獻公使荀息傅奚齊。公疾，召之，曰：「以是藐諸孤辱在大夫，其若之何？」稽首而對曰：「臣竭其股肱之力，加之以忠貞。其濟，君之靈也；不濟，則以死繼之。」公曰：「何謂忠、貞？」對曰：「公家之利，知無不爲，忠也。送往事居，耦俱無猜，貞也。」

及里克將殺奚齊，先告荀息曰：「三怨將作，秦晉輔之，子將何如？」荀息曰：「將死之。」里克曰：「無益也。」荀叔曰：「吾與先君言矣，不可以貳……」

冬十月，里克殺奚齊於次。……荀息將死之，人曰：「不如立卓子而

〔註6〕《西周史》，頁813及817。
〔註7〕《論語集註》，卷2，〈八佾〉第三，頁66。
〔註8〕《左傳・僖公二十三年》，卷15，頁250。

> 輔之。」荀息立公子卓以葬。十一月，里克殺公子卓于朝，荀息死之。
>
> 君子曰：「《詩》所謂『白圭之玷，尚可磨也；斯言之玷，不可爲也。』荀息有焉。」〔註9〕

晉獻公在臨終前，託孤於荀息，荀息承諾竭力以「忠貞」事之，荀息對「忠貞」的詮釋爲：「公家之利，知無不爲，忠也。送往事居，耦俱無猜，貞也。」「忠」的對象指「公家」，即社稷及民事；「貞」的對象爲「送往事居」，即獻公及奚齊，兩者所效命的範圍似有所歧出，但從後文觀察：「稽首之禮」、「濟」與「不濟」的命令達成、「吾與先君言矣，不可以貳」所對應的對象皆爲獻公；而「竭其股肱之力」、「以死濟之」、「將死之」的對象皆指奚齊，由此得以看出：荀息效命的對象依舊是以君爲主，而且是絕對的服從，〔註10〕只是他將傳統對君的絕對服從之「忠」字以「貞」字來解釋。

最後，荀息終究是無法達成獻公生前託孤的遺囑，因此亦兌現其當初的承諾——以死繼之，君子曰引《詩》評荀息：「白圭之玷，尚可磨也；斯言之玷，不可爲也。」《國語・晉語》則作「君子曰：『不食其言矣。』」〔註11〕言下之意，則意指荀息對君的效忠之心如同白圭之潔，不容許有任何的瑕疵及背叛。

又如〈文公十八年〉，魯國襄仲欲廢嫡立庶，爲叔仲惠伯所反對，待襄仲殺嫡立庶後，立刻剷除異己，而叔仲惠伯首當其衝，史載：

> 仲以君命招惠伯，其宰公冉務人止之曰：「入必死。」叔仲曰：「死君命可也！」公冉務人曰：「若君命，可死；非君命，可聽？」弗聽，乃入，殺而埋之馬矢之中。〔註12〕

襄仲矯君命召見叔仲惠伯，其家宰認爲有詐而阻止之，不過叔仲惠伯認爲爲君命而死本合情合理，在執意覲見的情況下，果然被殺。在這段史事的對話中，叔仲惠伯及家宰兩人都有「爲君命，可死」的觀念，只是兩人「從」與「不從」的態度純粹是在判斷「是否爲君命」上出現落差而已。

〔註9〕《左傳・僖公九年》，卷13，頁219～220。

〔註10〕荀息對君的絕對服從可由幾個線索得知：一、對國君的拜禮採「稽首」的最敬之禮；二、在獻公生前允諾之使命，及獻公死，仍不可貳；三、對於無法達成獻公的使命，以最激烈、最嚴重的方式，即結束自己的生死來謝罪。

〔註11〕《國語・晉語》，頁305。

〔註12〕《左傳・文公十八年》，卷20，頁351。

不管是狐突、荀息或叔仲惠伯，對「忠」的理解，皆傾向於「對上級負責」，這樣「唯君是從」的觀念，在《左傳》裡，不獨居廟堂之大夫有之，連小人物亦如此。例如〈莊公八年〉載徒人費、石之紛如、孟陽為齊襄公而死：

冬十二月，齊侯游于姑棼，遂田於貝丘。見大豕。從者曰：「公子彭生也。」公怒，曰：「彭生敢見！」射之。豕人立而啼。公懼，隊於車，傷足，喪屨。反，誅屨於徒人費。弗得，鞭之，見血。走出，遇賊於門，劫而束之。費曰：「我奚禦哉？」袒而示之背，信之，費請先入，伏公而出，鬬，死於門中。石之紛如死於階下，遂入，殺孟陽於牀，曰：「非君也，不類。」見公之足於戶下，遂弒之，而立無知。〔註13〕

在這段記載中：「彭生如豕立而啼」雖充斥著怪異色彩，但引發襄公一連串的反應：由「懼」、「隊」（墜）、「傷足」、「喪屨」到遷怒於徒人費的描繪卻十分逼真，在《左傳》筆下，齊襄公是個「無常」〔註14〕之人，亦即言行無準則，而《史記・齊太公世家第二》更提及其「醉殺魯桓公，通其夫人，殺誅數不當，淫於婦人，數欺大臣」〔註15〕的昏亂事蹟，對於這樣的無常、昏亂、遷怒之君，徒人費人可藉助遇賊的大好時機，將自己的委屈、不平化為復仇之計，然而，故事的發展卻出人意料，徒人費反以德報怨，為君而詐賊、伏之、鬬之，甚至死之，同樣的，石之紛如及孟陽亦為掩護襄公而死，由三人喪生之地：「門中」、「階上」、「牀」可得知他們為了抵禦賊人，由外而裡，層層的竭力護衛著襄公，效忠之心堅持到生命殞落的那一刻。

除此，尚有一種「忠」，並非效命於「同個主子」，只是拘泥於「君」這個頭銜，如〈僖公二十四年〉所描寫的寺人披，其認為：

君命無二，古之制也。除君之惡，惟力是視。〔註16〕

不管是非曲直，將「君命」視為唯一服從的標準，竭力剷除國君痛惡之人。所以寺人披在晉獻公、惠公即位時，力求剷除重耳，但當重耳得政權後，又協助重耳剷除惠公的舊臣，在政權輪替之際，寺人披便成了「隨君轉舵」的牆頭草。

〔註13〕《左傳・莊公八年》，卷8，頁144。
〔註14〕《左傳・莊公八年》，卷8，頁144。
〔註15〕《史記・齊太公世家第二》，卷32，頁538。
〔註16〕《左傳・僖公二十四年》，卷15，頁254。

上述所載人物，均沿循著古制，將君視爲唯一效忠的對象，不管如重耳之賢，抑或如晉獻公、齊襄公之昧，對君都是懷著不貳之心，竭力以事。然而，君賢，人臣理應盡忠，輔佐其成就國事之完善；倘若君不賢，人臣盲目的盡忠，豈不成了助紂爲虐？徒然加速國家走向衰亂之途。或許《左傳》的史家在記事的過程裡，在歷史的洪流中，看著不斷上演著「愚忠」的戲碼，開始賦予了「忠」新的定義，同時也以「君子曰」的文句開始反思：「忠」是否有更積極的意義？雖然「忠」是盡己、負責的任事態度，但當其人不賢時，値不值得效忠？效忠的對象該以孰爲主？

二、進步的思想：君臣忠於社稷（民事）

沿續著上節的討論，若執意拘泥於「策名委質」的形式，將「忠」的表現視爲對「君命」的服從，當所事非人時，很有可能變成「愚忠」，反讓自己的赤誠忠心助長國君的昏亂、加速政事的腐化，或許史家在記事的過程於此亦有所省思，因此運用「內容取材」與「君子曰」的雙重策略，開始賦予「忠」新的詮釋。

首先，站在本文的立場，本文認爲史家有意以「君子曰」的評論，影響讀者的價值判斷及思維，因此，先以君子的觀點視其對「忠」的詮釋。君子於〈襄公五年〉談到季文子之忠：

> 季文子卒，大夫入斂，公在位。宰庀家器爲葬備，無衣帛之妾，無食粟之馬，無藏金玉，無重器備。君子是以知季文子忠于公室也：「相三君矣，而無私積，可不謂忠乎？」〔註17〕

季文子在死後，家宰爲其準備葬具，才發現季文子沒有私人的積聚財物。「無衣帛之妾」、「無食粟之馬」、「無重器備」說明其在衣、食、器物上的「儉」，而「無藏金玉」則說明其在公事上的「廉」，一個自奉儉約，而將用心置於「相三君」〔註18〕上，季文子之所以「相」是爲了「公室」而非「私積」，使得「相」（輔佐）這件事是眞實而不虛僞的，因此，《左傳》給予其「忠」的評價，認爲其眞實的效忠於「公室」。而對於「公室」的解釋，王聰明認爲：

> 所謂公，原指封建時代一國之最高統治者，爾雅釋詁訓公爲君，即指此義，是以國君之家室謂之公家或公室。公室或公家爲封建共同

〔註17〕《左傳・襄公五年》，卷30，頁515～516。
〔註18〕季文子輔佐宣公、成公、襄公三君。

> 體之核心，對之竭誠無私，乃所以維護社稷之利益，非是君臣間個人關係之效忠，故楚共王云：「忠，社稷之固也。」蓋封建政治，社稷共同體之利益高於一切，無論國君或臣民，其權利義務皆依於此而存在。故國君有忠於民之政治義務，而臣民亦當爲代表社稷之公室竭誠奉獻，此封建氏族共同體在君臣規範上之一大特色。〔註 19〕

在封建社會裡，「公室」之意所指爲「社稷」，因此季文子之忠是忠於「社稷」。

再者如〈襄公十四年〉言子囊之忠：

> 楚子囊還自伐吳，卒。將死，遺言謂子庚必城郢。君子謂子囊忠。君薨，不忘增其名；將死，不忘衛社稷，可不謂忠乎？忠，民之望也。《詩》曰：「行歸于周，萬民所望」，忠也。〔註 20〕

君子亦給予子囊「忠」的評價，認爲其忠展現於「君薨，不忘增其名」、「將死，不忘衛社稷」二事上。子囊輔佐楚共王，雖然共王在生前「不德」又「不刑」，〔註 21〕在鄢陵之戰前，「內棄其民，而外絕其好；瀆齊盟，而食話言；奸時以動，而疲民以逞」〔註 22〕導致軍隊敗績；在執掌國政時，亦不能有效的示教、行刑於臣，然而臨終之前卻有悔過之心，以爲自己辱社稷爲不德，當共王在將死時以「社稷」爲念，子囊尊共王的意義不再是效忠於「君」，而是效忠於「以社稷爲主之君」；此外，子囊由吳國敗北而歸，在臨終前，還不忘交代要築城於郢，以衛社稷，對社稷、民事念茲在茲，這樣的「忠」，君子稱許才是百姓所殷切期盼的。

君子除了以季文子、子囊爲正例，說明「忠」的內涵「以社稷爲主」，亦有以反例呈現相同之理，諸如〈定公九年〉：

> 鄭駟歂殺鄧析，而用其《竹刑》。君子謂子然於是不忠。苟有可以加於國家者，棄其邪可也。〈靜女〉三章，取彤管焉。〈竿旄〉：「何以告之」，取其忠也。故用其道，不棄其人。《詩》云：「蔽芾甘棠，勿翦勿伐，召伯所茇。」思其人，猶愛其樹，況用其道而不恤其人乎！子然無以勸能矣。〔註 23〕

〔註 19〕《左傳之人文思想研究》，頁 71。

〔註 20〕《左傳・襄公十四年》，卷 32，頁 564。

〔註 21〕〈襄公五年〉：「君子謂：『楚共王于是不刑。』」言共王放任令尹子辛之貪而不能用刑之事。

〔註 22〕這是在晉楚鄢陵之戰前，楚人申叔對共王執政的情況所發之語。

〔註 23〕《左傳・定公九年》，卷 55，頁 967。

駟歂為何殺了鄧析，《左傳》沒有解釋，但君子認為鄧析所造之《竹刑》是「有加於國家者」，《竹刑》的沿用，代表國家仍蒙受其惠，但駟歂用其道又殺之，君子評為「不忠」的表現。或許是身處禮樂崩壞、道德淪喪的時代氛圍下，迫切需要人才挽救傾頹的時勢，只要個人的貢獻對國家有裨益，即使有白玉微瑕之憾，《左傳》仍秉持著「棄其邪」、「不棄其人」的態度，諸如讚揚管仲為顧全齊國大局而能讓，〔註 24〕棄其不為公子糾而死之過，因此，即使鄧析有過，但因對國家有益，罪不致死。而君子認為駟歂殺鄧析是「不忠」的，乃是以其「是否對社稷有益」作為衡量「忠」的條件。

相對於駟歂的「棄人」，子桑由於能「知人」、「舉善」，因而得到君子「忠」的讚美：

> 子桑之忠也，其知人也，能舉善也。……「詒厥孫謀，以燕翼子」，子桑有焉。〔註 25〕

《左傳》在〈文公三年〉的記事，提到（秦穆公）「遂霸西戎」四字後，緊接著說「用孟明也」，可見孟明於穆公稱霸西戎這件事上居功厥偉，然而孟明之所以能為穆公所用，乃是由於子桑有識人的眼光，並且能將孟明之善高舉，因為子桑能舉薦對國家有功之人，因此君子給予「忠」的評價。

綜上所述，從季文子、子囊、子然（駟歂）、子桑四人的事蹟看來，君子給予「忠」或「不忠」的評論皆著眼於「是否能以社稷為主」或「是否能對社稷有益」，因而，我們可以下個結論：君子對「忠」的價值闡述，即是「臣忠於社稷（人民）」。

然而研究《左傳》的學者，不僅認為「忠」是「臣道」，也是「君道」，〔註 26〕亦即：維護社稷不只是臣民的責任，也是國君的責任，不過，由「君子曰」

〔註 24〕見本文第四章對「管仲之讓」的相關探討。

〔註 25〕《左傳・文公三年》，卷 18，頁 305。

〔註 26〕諸如蔡師妙眞在〈變焦鏡頭——由「忠」論述談《左傳》價值辯證手法〉一文提及：「曹劌對莊公愛民的行為以『忠之屬也』稱之，指涉的依然是『盡責』，可見『忠』亦為君道，君之責乃在護國安民，為之則忠，違之則不忠。」此外蔡師舉季梁諫隨侯追楚師之例時，也提到相同概念：「……『上思利民，忠也』，能『思利民』而克己力者，無論為君為臣，都算盡『忠』」；而王聰明於其碩論《左傳的人文思想》裡也指出：「春秋時代之言忠，君主與臣民之間皆可交互通行。」；此外，佐藤將之在《中國古代的「忠」論》亦歸結出：「在春秋時期到戰國早期的文獻中，『忠』和『敬』都指『臣德』與『君德』雙方面的倫理價值」。

的內容看來，君子只稱頌「臣忠於社稷」，並未提及「君忠於社稷」，可見《左傳》與「君子曰」在理解「忠」的概念時，對「忠」與「君道」的聯繫上出現了歧見。我們試著從相關的文獻〔註27〕去探索究竟。

〈莊公十年〉載「曹劌論戰」一事：

> 齊師伐我。公將戰。曹劌請見。其鄉人曰：「肉食者謀之，又何間焉？」劌曰：「肉食者鄙，未能遠謀。」乃入見。問何以戰？公曰：「衣食所安，弗敢專也，必以分人。」對曰：「小惠未徧，民弗從也。」公曰：「犧牲玉帛，弗敢加也，必以信。」對曰：「小信未孚，神弗福也。」公曰：「小大之獄，雖不能察，必以情。」對曰：「忠之屬也，可以一戰。戰，則請從。」〔註28〕

魯與齊即將開戰，曹劌主動的求見莊公，從鄉人「肉食者謀之，又何間焉？」一語反映出莊公當時並未取得鄉民信任，因此鄉民對政事的參與感不高，而由曹劌與莊公二人的對話亦可觀察到：莊公原以爲以小恩小惠就可讓人民爲其效命沙場，是在曹劌循循善誘中，莊公才明白執政者必須眞誠地去了解百姓的心聲，將心比心，有了民心的支持，才是作戰有力的後盾。而執政者應以人民爲主，這樣「忠」的觀念，是曹劌教導莊公的。另外如〈桓公六年〉「季梁諫隨侯諫楚師」：

> 少師歸，請追楚師。隨侯將許之。季梁止之，曰：「天方授楚；楚之羸，其誘我也！君何急焉？臣聞小之能敵大也，小道大淫。所謂道，忠於民而信於神也。上思利民，忠也；祝史正辭，信也。今民餒而君逞欲，祝史矯舉以祭，臣不知其可也。」〔註29〕

隨侯欲迎戰楚國，季梁認爲「忠於民而信於神」、「上思利民」才是小國足以抵禦大國的籌碼，而隨侯對處於飢餓的人民坐視不理，漠視人民的苦難，人民又如何能爲國家效力？隨侯聽了季梁的諫言，「懼而修政」，因此「楚不敢伐」，而「忠於民」的觀念，是季梁教導隨侯去思考的。

《左傳》幾次提到「君忠於民」的概念，都是由臣子先提出，在諄諄善

〔註27〕學者們歸結出《左傳》中「忠，亦爲君道」的結論，通常是由曹劌論戰有「忠之屬也」一語；以及季梁諫隨侯追楚師有「上思利民」一語分析來的，因此欲辨析「君子曰」爲何未將「忠」與「君道」聯繫，可藉由此兩則史料去探索。

〔註28〕《左傳・莊公十年》，卷8，頁146～147。

〔註29〕《左傳・桓公六年》，卷6，頁110。

誘中灌輸給國君的，也就是當時國君對於己身應「忠於社稷（民事）」的觀念其實非常薄弱，而臣子譬如引航者，引領國君傾聽人民的心聲，讓國君能貼近人民些。「君忠於社稷」是史家正視的問題，所以在《左傳》的內容取材上絲毫未遺漏這樣重要的概念，只是當時的國君尚未有這樣的自覺，因此君子對於「忠」的讚美只能止於臣道了。

第二節　忠於舉善用賢的時代傾向

上節提及君子肯定「臣忠於社稷（民事）」的思想，而本節繼續探討君子認為臣該如何忠於社稷？忠於人民？具體的內容為何？當然，只要在自己堅守的崗位盡心、負責，動機是護國愛民，都可以是「忠」的表現，例如季文子相三君，而無私積是忠；子囊將死，不忘衛社稷是忠；子桑知人舉善，幫助穆公成就霸業亦是忠，但本節旨不在討論可以盡忠的內容有哪些，而是回到一個最大、最根源問題的省思，即是：身處《左傳》時代的社稷（人民）當務之急的需要是什麼？或最根本的需求是什麼？能了解社稷（人民）的需要，投其所好，才能算是忠於社稷。如果人民現今處於飢寒交迫的窘境，連基本的物質生活都無法滿足，那麼枉顧人民的民生問題，而教導其禮義，對於人民而言，便感受不到上位者有盡忠的眞實了。

而社稷（人民）的需要可藉由其身處時代的背景去了解：《左傳》中的人物當時身處的環境是「世衰道微，邪說暴行又作，臣弒其君有之，子弒其父者有之」〔註 30〕的時代，由史家的褒貶之筆可以知道：「君」的形象常是「不純正」的，反觀某些「臣」，他們懿美的風操反能為這晦暗的時代，注入些能量及希望，並為時人及後世提供示範及傳承的作用，〔註 31〕因此史家重視這些賢臣的影響力，求賢若渴的衷心期盼不止一次反映於「君子曰」。例如〈昭公元年〉君子斥責展輿之棄人：

> 君子曰：「莒展之不立，棄人也夫！人可棄乎？《詩》曰：『無競維人。』善矣。」〔註 32〕

〔註 30〕《孟子集注》，卷 6，〈滕文公〉章句下，頁 272。

〔註 31〕見本文第一章第三節「對『君子曰』的觀察」第二小點：「對君多褒貶互參，對臣多純然的褒揚」。

〔註 32〕《左傳・昭公元年》，卷 42，頁 705。

君子對展輿拋棄人才的行爲提出批判，並引《詩》「無競維人」強調國家要強惟有人才，「維」字強調「賢才」是國強的唯一途徑。

此外像〈定公九年〉君子對於駟歂殺鄧析之舉，認爲其「不忠」：

> 鄭駟歂殺鄧析，而用其《竹刑》。君子謂子然於是不忠。苟有可以加於國家者，棄其邪可也。〈靜女〉三章，取彤管焉。〈竿旄〉：「何以告之」，取其忠也。故用其道，不棄其人。《詩》云：「蔽芾甘棠，勿翦勿伐，召伯所茇。」思其人，猶愛其樹，況用其道而不恤其人乎！子然無以勸能矣。〔註 33〕

鄧析所造之《竹刑》是「加於國家者」，只要個人的貢獻對國家有助益，即使有白玉微瑕之憾，君子仍秉持著「棄其邪」、「不棄其人」的態度，而駟歂對人才的扼殺，君子評其爲「不忠」。

此外，〈文公三年〉，《左傳》提及「（秦穆公）遂霸西戎，用孟明也」〔註 34〕恰可與〈文公六年〉君子以秦穆公「殉良」作爲對照，對人才的「用」或「廢」是《左傳》認爲穆公是否能成爲霸主的重要因素：

> 秦伯任好卒，以子車氏之三子奄息、仲行、鍼虎爲殉，皆秦之良也。國人哀之，爲之賦〈黃鳥〉。君子曰：「秦穆之不爲盟主也宜哉！死而棄民。先王違世，猶詒之法，而況奪之善人乎？《詩》曰：『人之云亡，邦國殄瘁。』無善人之謂，若之何奪之？古之王者，知命之不長，是以並建聖哲，樹之風聲，分之采物，著之話言，爲之律度，陳之藝極，引之表儀，予以法制，告之訓典，教之防利，委之常秩，導之禮則，使毋失其土宜，眾隸賴之，而後即命，聖王同之。今縱無法以遺後嗣，而又收其良以死，難以在上矣！」君子是以知秦之不復東征也。〔註 35〕

穆公死時以三良爲殉，由「國人哀之」，可以得知：三良之忠必普及國人，因此國人爲其感到悲愴、惋惜，而悲傷有停歇之時，國人將穆公殉三良之事化爲永恆的詩篇〈黃鳥〉，希望上位者恤百姓之痛，勿再重蹈覆轍。而君子則指責穆公殉三良是「棄民」的行爲，並舉聖王「建聖哲」作爲對比，古代的聖王，知自己的生命有終盡之時，無法庇蔭到千秋萬世的子孫，因此培養、任

〔註 33〕《左傳・定公九年》，卷 55，頁 967。

〔註 34〕《左傳・文公三年》，卷 18，頁 305。

〔註 35〕《左傳・文公六年》，卷 19，頁 314～315。

用很多賢人來制定法則、樹立表率，來教導人民合乎禮儀規範。重視人才，即是對人民的福祉作長遠的設想。

也由於君子對「人才」的重視，因此當身爲人臣能「舉善」，國君能從善如流，進而「用賢」，君子認爲是此時代「忠於社稷」的當務之急。試以〈文公三年〉君子對子桑能「知人舉善」、穆公能「舉人與人」作爲分析：

> 秦伯伐晉，濟河焚舟，取王官及郊，晉人不出。遂自茅津濟，封殽尸而還。遂霸西戎，用孟明也。君子是以知秦穆之爲君也，舉人之周也，與人之壹也。孟明之臣也，其不解也，能懼思也。子桑之忠也，其知人也，能舉善也。《詩》曰：「于以采蘩？于沼于沚。于以用之？公侯之事。」秦穆有焉！「夙夜匪解，以事一人。」孟明有焉！「詒厥孫謀，以燕翼子。」子桑有焉。〔註 36〕

《左傳》在記錄秦穆公「遂霸西戎」後，起初只點出四個字「用孟明也」，然而更精確地說是「（子桑）薦（穆公）用（孟明）」，因此繼而帶出君子曰對「穆公」、「孟明」及「子桑」的評議。爲了討論方便，先將文字整理爲表格以便對照：

〈表一〉君子對秦穆公、孟明、子桑之評議

對象	君子的評議		引《詩》評議
秦穆	君	舉人之周也，與人之壹也。	于以采蘩？于沼于沚。 于以用之？公侯之事。
孟明	臣	其不解也，能懼思也。	夙夜匪解，以事一人。
子桑	忠	其知人也，能舉善也。	詒厥孫謀，以燕翼子。

君子評子桑「其知人也，能舉善也」。「知」突顯出子桑對孟明的才華有著眞實的認識與欣賞，一個人眞實的才情或許無法藉由外在的客觀事實斷然地評價（例如：外表、頭銜、家世……），但藉由觀察他所顯現出來的外在（性格、言行舉止、與他人的互動），卻能進而推斷他的爲人與潛能，孟明在殽之戰爲晉所俘虜，其間的痛定思痛，促成了下一次關鍵的戰勝，使秦國稱霸西戎，顯示出子桑對孟明是眞實的「知」。此外，即使孟明有美好的才能（善），若缺少舉薦，其善有可能大材小用、被放置於不對的位置，抑或埋沒於人群

〔註 36〕《左傳・文公三年》，卷 18，頁 305。

之中，從此庸庸碌碌地過一生，「舉」意味將孟明之善高舉，使其彰顯，由下文的「詒厥孫謀，以燕翼子」更說明著對人才的「知」與「舉」，是留給子孫最好的謀略，因爲人才雖善，終將殞落，但人才所留下的制度，樹立的典範，使得千秋萬代的子孫皆能蒙受其惠，此外，教導子孫重視人才的舉薦，將人才之善推展爲對國家之善，才是「燕」（安）、「翼」（輔佐）子孫的作法。

而君子評秦穆「舉人之周，與人之壹」。「舉人」、「與人」指的是秦穆公身爲國君，能夠從善如流，舉用人才，〔註37〕「周」與「壹」，都是針對孟明數敗而仍用之的發言，杜注：「周，周備也，不偏以一惡棄其善。」〔註38〕不以事物成敗的表面來論英雄，而是整體、周備地考量，包括對人才的檢視（在行事的過程中是否盡心、用心）、自己的領導能力的省視及客觀事實的評估（天時與地利），顯示出穆公對人才的包容力以及周備的反省力。「壹」，則表現穆公信任人才的專一、堅持，仍舊一本初衷，維持自己昔日的信念，另一方面，他相信人的才華始終如「壹」，只是時機及客觀的事實常導致才華的表現不如預期。而引《詩・采繁》則是爲了說明穆公能以忠信待人，亦可呼應〈隱公三年〉：

〈風〉有〈采繁〉、〈采蘋〉，〈雅〉有〈行葦〉、〈泂酌〉，昭忠信也。〔註39〕

既然從一開始就已相信子桑能識人，也看重孟明軍事上的才能，在遭受失敗時，穆公能客觀地檢視原因，而非歸咎人才，予以離棄或懷疑。〈僖公三十三年〉：

孤之過也，大夫何罪？且吾不以一眚掩大德。〔註40〕

「過」的對象指向「孤」（穆公自己）而非「大夫」，表現了穆公反求諸己的功夫，而「不以一眚掩大德」又可呼應「舉人之周也，與人之壹也」，而正因穆公能推心置腹，因此人才也願爲其效力，即帶出下文孟明的「夙夜匪解，以事一人」。

孟明：「其不解也，能懼思也」，「不解」與「夙夜匪解」相呼應，指不間

〔註37〕而〔清〕章太炎引《廣雅》、《方言》認爲「舉即輿，輿即堪，堪即龕，龕即受，受即盛，盛即容，七字同歸一訓，舉人之周，謂容人之短。」亦可備一說。

〔註38〕《左傳・文公三年》，卷18，頁305。

〔註39〕《左傳・隱公三年》，卷3，頁52。

〔註40〕《左傳・僖公三十三年》，卷17，頁290。

斷地努力，而其努力是由於「懼」與「思」，懼則源於戰敗的畏懼、恐懼，〔註41〕以及對自我能力的疑懼及否定，恐懼會讓人退卻、止步，會停滯人的前進，但孟明能將這些負面的感受，化為一種沉潛的思慮，思索著如何擺脫昔日的窘境，進而化為「增脩國政，重施於民」的力量。〈文公二年〉：

> 孟明增脩國政，重施於民。趙成子言於諸大夫曰：「秦師又至，將必避之。懼而增德，不可當也。《詩》曰：『毋念爾祖，聿脩厥德。』孟明念之矣。念德不怠，其可敵乎？」〔註42〕

由晉國趙成子的言論，亦可得知，他們評估秦軍的勢力不可當也，並非考量秦軍的客觀情勢，而是孟明的「懼而增德」，一個人在遭受挫折打擊後，在憂懼的環境之下，會砥礪自己反省各方面的缺失，唯有思慮謀略更加周密，才能以免再回到失敗的陰霾中，這樣自省後而前進的力量正是協助秦國稱霸西戎的關鍵。

綜上所述，春秋時期以「策命委贄」的形式建立的關係，臣民視效忠的唯一對象為「國君」，而且是絕對的服從，但君子在歷史的借鏡中省思到：若所事非人時，豈不成了愚忠？因此將忠的對象轉而以社稷、民事為主。此外，在世衰道微，君的形象常是不純正之下，君子不僅一次流露出求賢若渴的期盼，並以為君臣忠於舉善用賢為當務之急。

〔註41〕孟明因殽之戰戰敗而被俘虜一事。《左傳·僖公三十二年》，卷17，頁290，「夏四月辛巳敗秦師于殽，獲百里孟明、西乞術、白乙丙以歸。」

〔註42〕《左傳·文公二年》，卷18，頁302。

第四章　讓與稱——君臣對應同僚及自身的省思

本章主要由「讓」與「稱」作為切入點，探討君子認為君臣對應「同僚（同宗）」及「自身」該如何切合禮。本章共分為二節，第一節談「讓」的問題，先探討君子為何重讓？客觀的標準又何在？歸結出君子所重之讓在於成就整體之和諧，並以「君子曰」所提及的三件讓事作為檢證，並說明為何范宣子之讓最深得君子要旨。第二節談「稱」的問題，以「外在器名」與「內在情緒」二方面作為探討：君子之所以重視個人所屬外在器名，是因為一個人的內在是否存有禮的分際，往往顯現於外在之禮，因此君子希望人由外在器名檢視內在之禮，並將存於心之禮化為合宜的外在表現，但內在之禮又並非只是表現於外在的儀式，必須化為生活的具體實踐，才是君子所認同的；此外，君子重視怒的情緒是由於對政事成敗的檢討而來，君子認同遷怒的表現，但更強調怒要遷到正向的層面，才是合禮的表現。

第一節　「讓」——君臣對應同僚的省思

此小節主要是由君臣對應同僚（同宗）的省思談「讓」的問題，首先釐清君子為何重「讓」？「讓」與「禮」之間有何聯繫？並辨析「君子曰」所引的三則讓事，歸結出三者的異同，並說明為何范宣子之讓最深得《左傳》「讓，禮之主也」之要旨。

一、「讓」以成就整體和諧

《左傳》重「讓」，君子更認為「讓，禮之主也」。在切入主題之前，我們必須思考一個根本的問題：「讓」是什麼？「讓」為何值得讚賞？當我們稱讚某人「讓」的行為時，必然是著眼於一個客觀的標準，而且相較於其他人，在客觀的情況之下必「不讓」，因此某人之「讓」才顯得可貴，才值得稱讚。換言之，如果每個人的標準不一，或相較於其他人也「能讓」，那麼「讓」便顯得沒有意義了。賈誼的《鵩鳥賦》曾提及：「貪夫徇財，烈士徇名，夸者死權，眾庶馮生。」〔註1〕「貪夫」、「烈士」、「夸者」（追求權勢之人）、「眾庶」，分別與「財」、「名」、「權」、「生」相對，以四個並列的句型說明了每個人根據自己的價值層級，選擇追求的目標不同。對於芸芸眾生而言，若曾經歷過飢寒交迫，瀕臨垂死的處境，或經歷過戰火頻仍，目睹「易子而食，析骸以爨」的慘狀，在夾縫中求生存已是人生中最大的追求，「財」、「名」、「權」對其而言視同糞土，便皆可讓。而對「貪夫」、「烈士」、「夸者」來說，為了追求「財」、「名」、「權」，可以犧牲的最高代價為「生存」，當然亦可以輕易的「讓」出其他事，因此，當每個人對同件事的價值評斷不是站在同一個客觀標準時，便無法去稱揚「讓」這件事。

又譬如《論語・泰伯》中，泰伯讓天下，孔子稱讚其「至德」：

> 可謂至德也已矣，三以天下讓，民無得而稱焉。〔註2〕

在儒家的觀念中，「王位」象徵是地位、權勢的極至，是身為人所能追求最崇高的目標，因此，要能「讓位」實屬不易之事，但對道家而言，王位及政治是束縛人的枷鎖，根本棄如敝屣，避之唯恐不及，又何須讓？因此，我們必須要先釐清：君子是用什麼客觀的標準去稱揚「讓」這件事？

《左傳》中提及「讓」，有兩層涵義：一為讓出「王位」，二為讓出「上位」，乍看之下，「王位」高於「上位」，能讓出王位之人應更難能可貴，但君子卻稱讚後者才是「禮之主也」，可見君子的價值標準並非以「頭銜的尊貴」來作為褒貶「讓」的條件，那麼根據的又是何種條件？關於這點，可試由《左傳》所重視的「禮」來探討。

據楊伯峻的統計：《左傳》「禮」字一共講了462次，相較於其他典籍，《左

〔註1〕〔梁〕蕭統編：〔唐〕李善注：《文選》上冊，卷13，頁335。（臺北：五南圖書出版，2004年）

〔註2〕《論語集注》，卷4，〈泰伯〉第8，頁102。

傳》出現「禮」字的頻率尤高，在五帝時期，大道之行，以天下爲公時，並不特別強調「禮」，《左傳》會特別強調「禮」，乃是當時禮制崩壞，道德淪喪之故，而《左傳》所講究之「禮」，不外乎就是「君君，臣臣，父父，子子」，〔註3〕也就是人倫之順，人各安其位的和諧。

此外，以個人而言，凡人都有追求更好，希冀能實現所能做到最大事的普遍心態，當個人爲了成就整體的和諧，能夠「讓」出自己所能成就最大之事，就人之常情來說，尤其可貴，因此君子便予以褒揚。

而個人在人世間所能成就最大之事，雖然爲「稱王」，然而在封建社會中，受到先天上血緣的侷限，「稱王」僅爲少數人所能爲之事，即使上位者「能讓」，對於《左傳》在禮樂崩壞，重建秩序的理想，發揮的效果有限，因此《左傳》所看重的爲「讓出上位」，乃是由於不受限於身份地位，人人可實踐之故，而具體內涵爲「讓賢」，一個人因爲他人之賢而讓出上位，是對他人長處的欣賞及自我才能侷限的自知，若人都存有謙讓之心，亦對整體的和諧有所裨益，因此，君子言「讓，禮之主也」，「禮」主要講求「和」、「順」，而「讓」對於禮制有「和」、「順」的作用，因此爲君子重之。

二、宋宣公、范宣子、管仲三讓之辨析

上述提到君子所重之讓乃是對禮制有和諧作用，「君子曰」提到「讓」事總共有三則，評論的對象分別爲宋宣公、范宣子、管仲，三則之「讓」內涵各異，君子雖都能予以讚美，但卻將「讓，禮之主也」歸於范宣子一則，可見范宣子能成就之「讓」尤爲君子所重，以下便一一分析三「讓」之別：

〈隱公三年〉載「宋穆公繼承宣公傳賢不傳子」一事：

> 宋穆公疾，召大司馬孔父而屬殤公焉，曰：「先君舍與夷而立寡人，寡人弗敢忘。若以大夫之靈，得保首領以沒，先君若問與夷，其將何辭以對？請子奉之，以主社稷。寡人雖死，亦無悔焉。」對曰：「群臣願奉馮也。」公曰：「不可。先君以寡人爲賢，使主社稷。若棄德不讓，是廢先君之舉也，豈能曰賢？光昭先君之令德，可不務乎？吾子其無廢先君之功！」使公子馮居於鄭。八月庚辰，宋穆公卒，殤公即位。

〔註3〕見前揭書，卷6，〈顏淵〉第12，頁136。

> 君子曰：「宋宣公可謂知人矣。立穆公，其子饗之，命以義夫！〈商頌〉曰：『殷受命咸宜，百祿是荷。』其是之謂乎！」〔註4〕

宋宣公以「賢」作爲讓出王位的衡量條件，因此王位傳弟不傳子，等到其弟（穆公）病危，考慮繼承人時，亦效法宣公，以「賢」作爲讓位的標準，傳給宣公之子而不傳其子。而君子稱讚宣公側重於「知人」兩字，是由穆公後來「讓賢」之行來證明宣公有識人的眼光，連帶的使自己的兒子受惠亦享有君位。但不論是「父傳子」或「兄傳弟」，都是私親的繼承，宣公讓賢固然成爲美談，但讓出王位屬少數人之專利，非人人可爲之，因此這並非「讓，禮之主也」的眞正意義。

反觀〈襄公十三年〉，君子則花了相當大的篇幅在敘述「范宣子能讓」一事，並闡述「讓，禮之主也」的涵義：

> 荀罃、士魴卒，晉侯蒐於緜上以治兵。使士匄（即范宣子）將中軍，辭曰：「伯游（荀偃）長。昔臣習于知伯（荀罃），是以佐之，非能賢也。請從伯游。」荀偃將中軍，士匄佐之。使韓起將上軍，辭以趙武。又使欒黶，辭曰：「臣不如韓起，韓起願上趙武，君其聽之。」使趙武將上軍，韓起佐之。欒黶將下軍，魏絳佐之。新軍無帥，晉侯難其人，使其什吏率其卒乘官屬以從於下軍，禮也。晉國之民是以大和，諸侯遂睦。君子曰：「讓，禮之主也。范宣子讓，其下皆讓。欒黶爲汰，弗敢違也。晉國以平，數世賴之，刑善也夫。一人刑善，百姓休和，可不務乎？《書》曰：『一人有慶，兆民賴之，其寧惟永。』其是之謂乎！周之興也，其《詩》曰：『儀刑文王，萬邦作孚。』言刑善也。及其衰也，其《詩》曰：『大夫不均，我從事獨賢。』言不讓也。世之治也，君子尚能而讓其下，小人農力以事其上，是以上下有禮，而讒慝黜遠。由不爭也，謂之懿德。及其亂也，君子稱其功以加小人，小人伐其技以馮君子，是以上下無禮，亂虐並生。由爭善也，謂之昏德。國家之敝，恆必由之。」〔註5〕

爲了兼顧討論的方便及完整性，以「君子曰」的文句作爲分段，以上述的文字討論於前，其後徵引《書》、《詩》文句來加強論點。

這一段史實是描述晉國因將帥荀罃身卒，必須進行軍隊上的人事調動及

〔註4〕《左傳‧隱公三年》，卷3，頁52。
〔註5〕《左傳‧襄公十三年》，卷32，頁554～555。

安排，原本理當讓輔佐他的士匄（即范宣子）接任，晉升中軍將帥之位，但范宣子謙虛地表示：昔日能輔佐荀罃，是由於「習」，是對荀罃的知之甚深。范宣子瞭解軍事的成功，仰賴的常非個人的一枝獨秀，除了戰士們的奮勇果敢、向心力之外，將領與幕僚們運籌帷幄、合作無間的默契亦是決勝的關鍵，自己並非「賢能」，而是「能佐」，善於扮演著輔助而非主導的角色，因此將荀偃推薦給晉侯，推薦的理由在於荀偃年紀較「長」，「長」代表著經驗。范宣子懂得要勝任軍事首領一職，在沙場上必須要有豐富的閱歷，因熟稔並能預料變數，才能指揮若定，在當下做精準、果決的判斷。晉侯亦從善如流，讓范宣子輔佐荀偃。此外，又分別命韓起、欒黶擔任上軍將帥之位，但韓起自認不如趙武，欒黶自認不如韓起，韓起既讓，欒黶亦讓，眾人謙讓的成效是「晉國之民是以大和，諸侯遂睦。」

據此，《左傳》君子於文末發聲：「讓，禮之主也。范宣子讓，其下皆讓。欒黶為汰，弗敢違也。」稱讚范宣子、韓起、欒黶能讓，且析論三人讓的理由不盡相同：范宣子是從自己有無適任的才能而言；韓起是從比較他人而言；欒黶是由仿效而論，因為三人讓的層次有所不同，以范宣子為高，因此，君子引《書》、《詩》的文句中，特別標舉「一人刑善」、「一人有慶」、「儀刑文王」，此「一人」，推崇的是「范宣子」，而「刑善」、「有慶」、「儀刑」指的是「讓」這件事。

范宣子不同於其他二人的讓，屬於主動的、自發性的。讓是一種抉擇，必於思考之後，范宣子能珍視荀罃「長」的優點，亦能省思自己之能在於「佐」，但「能佐」並非是勝任中軍將領的特質，因此毅然決然地讓出上位。因此，范宣子之讓不僅是為了大局設想，亦是在與同僚的能力比較之下的決定。此外，在這三人之中，范宣子之位最高，因為居高，眾所仰之，一舉一動都受到下位者的關注，當其從事某一善行時，會引領下位者反思自身或仿效，是具有極大的推動力量的，諸如韓起因而省思不如趙武而讓、欒黶雖驕縱仍仿效之，皆是受范宣子感染而來。事實上，人與人之間的行為原本是無直接關係，諸如：君賢，臣未必賢；父賢，子未必賢，但間接地卻是有一種感染力，也就是「政者，正也。子帥以正，孰不敢不正？」〔註6〕這種「上行下效」的力量，更是君子所推許的。

〔註6〕《論語集註》，卷6〈顏淵〉第12，頁137。

此外，由「周之興也……及其衰也……世之治也……及其亂也……」繼續扣緊「讓」的主題，只是又延伸到與「爭」的比較，爲了討論方便，將文句以表格的方式整理於下：

〈表二〉君子引《詩》釋「讓，禮之主也」

<table>
<tr><th colspan="2">讓與不讓</th><th>上下的關係</th><th>結　果</th></tr>
<tr><td rowspan="2">讓
（不爭）</td><td>刑善</td><td>儀刑文王，萬邦作孚</td><td rowspan="2">上下有禮，而讒慝黜遠
（興、治）</td></tr>
<tr><td>不爭</td><td>君子尙能而讓其下
小人農力以事其上</td></tr>
<tr><td rowspan="2">不讓
（爭）</td><td>不讓</td><td>大夫不均，我從事獨賢</td><td rowspan="2">上下無禮，亂虐並生
（衰、亂）</td></tr>
<tr><td>爭善</td><td>君子稱其功以加小人
小人伐其技以馮君子</td></tr>
</table>

「讓」爲「刑善」、「不爭」，相對於「不讓」、「爭善」，〔註 7〕君子由「上下」的心態和關係來區別「讓」與「不讓」的差別。誠如前文所言，「讓」是一種對「孰能適任」的省思，知道自己能力的優點及侷限，並能欣賞他人優於自己的長處。處上位者，能有讓其下的雅量與胸襟，居下位，亦樂於努力配合上位者的政令，雖然亦有「上下」之分，但其用意不在分判個人能力之高下，而是希望個體都能依「賢能」的程度，在自己應守的崗位盡「名實相符」之事，以維繫一國體制的和諧。反之，「不讓」是一種以個人突出爲傲（「獨賢」、「稱功」、「伐技」）、認爲居高位可以「加」、「馮」他人的驕矜心態，在爭的過程之中，汲汲營營之心已凌駕了對自我適任能力的反省，亦將他人的長處曲解爲威迫自己的力量，因此君子言「讓，禮之主也」，「讓」與「不讓」形成了上下「有禮」、「無禮」，以及「和諧」與否的氛圍，影響國家朝往「興、治」抑或「衰、亂」的走向，有著重大的影響。

而另一方面，《左傳》亦由晉國的敵方——秦人子囊之口側寫晉人能讓之事：「其卿讓于善」呼應君子曰的「君子尙能而讓其下」；「其大夫不失守，其士競於教，其庶人力於農穡，商工皁隸不知遷業」則呼應「小人農力以事其上」；「范匄少於中行偃，而上之，使佐中軍。韓起少於欒黶，而欒黶、士魴

〔註 7〕這裡的「不讓」與「爭」又與《論語》說的「當仁不讓」中的「不讓」有別，讀者察之。

上之，使佐上軍。魏絳多功，以趙武為賢，而為之佐」則呼應「上下有禮」、「不爭」的國家氛圍。〔註8〕

此外，《左傳》於〈成公二年〉亦鋪述了一段鞌之戰的餘事，恰可與「君子曰」的這段思想互為印證：

> 晉師歸，范文子後入。武子曰：「無為吾望爾也乎？」對曰：「師有功，國人喜以逆之，先入，必屬耳目焉，是代師受名也，故不敢。」武子曰：「知免矣。」郤伯見，公曰：「子之力也夫！」對曰：「君之訓也，二三子之力也，臣何力之有焉？」范叔見，勞之如郤伯。對曰：「庚所命也，克之制也，燮何力之有焉？」欒伯見，公亦如之。對曰：「燮之詔也，士用命也，書何力之有焉？」〔註9〕

晉國取得鞌之戰的勝利後，班師回朝，范武子（士會）引領期盼地望子歸來，但范文子（士燮）卻較晚入，其理由在於：先入之人，必將成為國人矚目的焦點，個人亦將承載整個軍隊勝利的光環，故不敢當，范武子因為兒子能謙讓，懂得藏鋒，不與人爭，認為其能免於禍害刑戮。其後，晉侯一一召見功臣，從郤克至欒書，如同前文的「范宣子讓，其下皆讓」的效應一樣，因郤克先讓，分別將功勳歸於上位之領導有方（君之訓），亦歸功於戮力沙場的下屬們（二三子之力也），由於郤克能縮小自我、將勝利的榮譽讓於上與下時，自然不會凌駕上位者而遭禍，亦不會因鋒芒畢露而遭嫉。而其下的范文子、欒書間接由晉君的召見得知彼此之讓時，無形中也會經由他人好的善行轉為自我省思，形成一股「讓」的氛圍。

此外，尚有管仲之讓，管仲之讓雖非「讓賢」，但其讓乃為了整體和諧而為，因此君子亦稱許之，〈僖公十二年〉載「管仲不受上卿之禮」：

> 王以戎難故，討王子帶，秋，王子帶奔齊。
>
> 冬，齊侯使管夷吾平戎于王，使隰朋平戎於晉。王以上卿之禮饗管仲，管仲辭曰：「臣，賤有司也。有天子之二守國、高在，若節春秋來承王命，何以禮焉？陪臣敢辭！」王曰：「舅氏，余嘉乃勳，應乃懿德，謂督不忘。往踐乃職，無逆朕命。」管仲受下卿之禮而還，君子曰：「管氏之世祀也宜哉！讓不忘其上。《詩》曰：『愷悌君子，神所勞矣！』」〔註10〕

〔註8〕《左傳・襄公九年》，卷30，頁527。
〔註9〕《左傳・成公二年》，卷25，頁429。
〔註10〕《左傳・僖公十二年》，卷13，頁223。

君子誇讚管仲能讓，主要是根據管仲應對周王的受賜表現而發。因管仲調停戎人及王室有功，周王以上卿之禮款待之，但管仲卻謙讓的表示：自己的身份爲下卿，國歸父及高傒是上卿，若自己承受了上卿之禮，那麼原居自己上位的二人來朝聘時，周王該怎麼用比上卿更崇高之禮來款待呢？雖然周王以「無逆朕命」強硬的語氣來勉強管仲，但管仲始終是堅持受下卿之禮而還。君子認爲管仲能讓主要表現於「不忘其上」，與范宣子之讓——以荀罃之「長」爲賢不同。〈莊公九年〉：鮑叔牙早已看出管仲治事之才，認爲「管夷吾治於高傒」，〔註 11〕將其舉薦給齊侯，而調停一事的成功亦印證管仲之才能賢於國歸父及高傒，只是因爲國、高二人久爲「天子之二守」，世爲齊國之上卿，若一旦上卿之位因管仲之賢而受到威迫、憤恨不平的話，齊國恐會因此而產生內鬨；又，即使國、高二人對周王的安排沒有異議，管仲亦難免陷入謗隨譽來的處境，不論何者，只要管仲接受了上卿之禮，國內的氛圍一旦不和諧，又如何能抵禦外侮呢？因此管仲爲了顧全大局，並未貿然的接受周王之賜，君子以「管氏之世祀也宜哉」來嘉許其能讓。〔註 12〕

綜觀三者之讓，宋宣公與范宣子皆是「讓賢」，但宣公的「讓出王位」僅少數人可爲之，對於禮樂崩壞，重整社會秩序的效果有限，而范宣子深知自己才能的侷限並珍視他人的優點，「讓賢」的懿美風範是人人可實踐之，對於禮制的和諧有莫大的助益，此外，管仲之讓雖非「讓賢」，但亦爲整體的和諧而爲，因此君子亦稱許之。

第二節　「稱」——君臣對應自身的省思

此小節主要是由君臣對應自身的省思談「稱」與「不稱」的問題，可由兩個角度探討：一是君臣的所屬外在事物（例如器、名）與身份地位「相稱」與否；二是君臣的內在情緒——「怒」後的表現是否能「稱」於禮制。

〔註 11〕《左傳・莊公九年》，卷 8，頁 145。

〔註 12〕《左傳》對肯定或否定之人，常以「有後」與否來評之。例如〈桓公二年〉：稱「臧孫達其有後於魯乎！君違，不忘諫之以德」是肯定臧孫達能「諫」；〈僖公十二年〉稱「管氏之世祀也宜哉」是肯定管仲能「讓」；〈僖公十一年〉言「晉侯其無後乎」是因爲晉侯「受玉惰」、「不敬」；〈哀公十七年〉趙簡子引叔向之言曰：「怙亂滅國者無後」是勸諫晉君勿趁人之危。

一、器名之稱

《左傳》極重「禮」，「禮」隨著「地位」有等差之別，「地位的尊卑貴賤」外顯於個人的即爲所屬的「名」與「器」，也就是頭銜與待遇。換言之，「名」與「器」是外在的，「地位的尊卑貴賤」與其所屬的「職責」才是內在的眞實意義，因此，《左傳》中講究身份的尊卑貴賤，其用意並不在刻意分判個人能力之高下，而是希望個人在自己應守的崗位盡與自己「名實相符」之事，以維繫一國體制的和諧。若能省思於此，便不過份強求自己本分之外的「名」與「器」，反之，擁有踰禮之「名」與「器」，引來側目或有心者的嫉恨，反而會爲自我速禍，況也不爲《左傳》所認同。例如：〈成公二年〉「仲叔于奚請求曲縣和繁纓」：

> 新築人仲叔于奚救孫桓子，桓子是以免。既，衛人賞之以邑，辭，請曲縣、繁纓以朝。許之，仲尼聞之曰：「惜也！不如多與之邑。唯器與名，不可以假人，君之所司也。名以出信，信以守器，器以藏禮，禮以行義，義以生利，利以平民，政之大節也。若以假人，與人政也。政亡，則國家從之，弗可止也已。」〔註 13〕

仲叔于奚解救了桓子，桓子以「邑」賞之，然而仲叔于奚婉拒，請求「曲縣」與「繁纓」朝見衛君，桓子許之。「曲縣」與「繁纓」據楊伯峻的解釋，皆屬諸侯之禮：

> 古代，天子樂器，四面懸掛，象宮室四面有牆，謂之「宮懸」；諸侯去其南面樂器，三面懸掛，曰「軒縣」，亦曰「曲縣」。……大夫僅左右兩面懸掛，曰「判縣」；士僅於東面或階間懸掛，曰「特縣」，仲叔于奚請「曲縣」，是以大夫而僭越用諸侯之禮。……繁音盤，《說文》作「緐」，馬鬣毛前裝飾，亦諸侯之禮。〔註 14〕

對於目光如豆的桓子而言，「城邑」和「曲縣」、「繁纓」相較，或許在物質上有更高的價値，因此輕易的允諾之，但《左傳》引述孔子之言說：「器」、「名」代表著人主的威信，也用來區分與臣民尊卑貴賤不同之禮，是人主用來指揮、統治臣民之具，象徵著「政權」，不能輕易的假借於人。而桓子恐怕是未省思到個人的外在「器」、「名」所象徵的內在意義，才如此輕率的爲之。

〔註 13〕《左傳・成公二年》，卷 25，頁 422。

〔註 14〕《春秋左傳注》，頁 788。楊引《周禮》，孫詒讓《正義》而簡略之。

此外，與「外在器名」不稱之人尚有子臧，〈僖公二十四年〉載「子臧好聚鷸冠」：

> 鄭子華之弟子臧出奔宋，好聚鷸冠。鄭伯聞而惡之，使盜誘之。八月，盜殺之于陳、宋之間，君子曰：「服之不衷，身之災也。《詩》曰：『彼己之不稱其服。』子臧之服，不稱夫！《詩》曰：『自詒伊慼。』其子臧之謂矣。《夏書》曰：『地平天成。』稱也。」〔註15〕

古時以爲知天文者可以戴鷸冠，鄭國子臧不知天文，而聚鷸冠，鄭文公因此惡之，並使盜殺之。君子認爲子臧因在「服」方面的「不衷」（不稱）爲他帶來殺身之禍。

而君子之所以重視個人所屬外在的器、名是否能與身份地位「相稱」，這是因爲君子認爲：一個人的內在是否存有禮的分際，最明顯的是反映於外在的行爲，試看〈桓公二年〉「華父督弒君」一例：

> 元年春，……宋華父督見孔父之妻于路，目逆而送之，曰：「美而豔。」二年春，宋督攻孔氏，殺孔父而取其妻。公怒，督懼，遂弒殤公。君子以督爲有無君之心，而後動於惡，故先書弒其君。〔註16〕

這段史事解釋了《春秋》爲何記載：「宋督弒其君與夷及其大夫孔父」的理由。華父督覬覦孔父之妻的美色，因殺孔父而娶其妻，殤公怒，華父督因害怕而先下手爲強，殺了殤公，照理說：華父督殺孔父在前，弒君在後，但《春秋》的記錄卻與之相反，對此，君子提出解釋：孔父爲宋穆公臨終前的託孤大臣〔註17〕，華父督居然敢妄加殺害，可見輕君之心早已久矣，才會有出於惡念的行爲。一個外在器名或言行不能合乎禮的人，內心一定早就漠視禮的存在了，如前述的叔仲于奚與桓子的僭禮之行，又如子臧服之不衷，都是由於內心無禮而外顯於行，因此君子要人從外在的器名、行爲的約束去省思禮的內在意義。

但一個外在器名及言行合乎禮的人，內心就一定存禮嗎？關於這點疑問，君子也設想到了，可由〈昭公五年〉「魯昭公如晉」一事了解君子的觀點：

> 公如晉，自郊勞至于贈賄，無失禮。晉侯謂女叔齊曰：「魯侯不亦善於禮乎？」對曰：「魯侯焉知禮！」公曰：「何爲？自郊勞至于贈賄，

〔註15〕《左傳・僖公二十四年》，卷15，頁258。
〔註16〕《左傳・桓公二年》，卷5，頁89～90。
〔註17〕見《左傳・隱公三年》記事。

禮無違者，何故不知？」對曰：「是儀也，不可謂禮。禮，所以守其國，行其政令，無失其民也。今政令在家，不能取也；有子家羈，弗能用也；奸大國之盟，陵虐小國；利人之難，不知其私。公室四方，民食於他。思莫在公，不圖其終。爲國君，難將及身，不恤其所。禮之本末將於此乎在，而屑屑焉習儀以亟。言善於禮，不亦遠乎？」君子謂叔侯於是乎知禮。〔註 18〕

魯昭公去晉國，從接受慰勞一直到贈送財貨，全程沒有失禮，晉侯認爲昭公善禮，但女叔齊提出反駁，認爲昭公擅長的是「儀」，而不是「禮」，知禮之人應該將禮化爲實踐，用來「守其國，行其政令，無失其民」，但看不到昭公對國內之民有任何禮的實踐，只是一味地著重外交之「儀」，是誤解了「禮」的眞實涵義，君子由此稱讚女叔齊才是眞實的理解「禮」的內涵。

綜上所述，君子之所以重視個人所屬外在器名是否與之相稱，是因爲一個人的內在是否存有禮的分際，往往顯現於外在之禮，因此君子希望人由外在器名檢視內在之禮，並將存於心之禮化爲合宜的外在表現，而內在之禮又並非只是表現於外在的儀式，並須化爲生活的具體實踐，才是君子所認同的。

二、情緒之稱

關於「怒」的情緒，中國的政治從封建制度，發展到秦漢以降，專制日甚，君主握有絕對的權利，身爲人臣因懼於動輒得咎，怒的情緒應是愈趨收斂，不過在《左傳》中，史家不避諱的談臣子之怒，甚至「君子曰」對「怒」有多則的討論，〔註 19〕可以觀察到的是：「怒」的情緒相較於中國後來的政治發展，在《左傳》中有被放大的傾向。而這必須回歸到《左傳》記事的特質，常以人物行爲的因果關係，作爲人類成敗禍福的解釋，以申明歷史發展乃遵循著一定的道德規律。而在《左傳》中，往往某某人一怒，後果常是不堪設想：小則造成個人的悲劇；大則導致兩國交戰，禍民殃國，由於《左傳》中「怒」的情緒常影響政事成敗，因此使得君子不得不正視「怒」的問題，因此，如果光用「生氣」來解釋《左傳》中的「怒」或將「怒」視爲一個詞彙輕易地瀏覽過，便無

〔註 18〕《左傳・昭公五年》，卷 43，頁 744～745。

〔註 19〕〈文公二年〉：君子謂狼瞫君子；〈宣公二年〉：君子謂羊斟「非人也」；〈宣公四年〉：君子曰：「『仁而不武，無能達也。』」凡弒君：稱君，君無道也；稱臣，臣之罪也。此三則的史事發生過程皆與「怒」的情緒處理有關，可視爲君子曰對「怒」的討論。

法與書中人物的情緒同起伏，必須試著從史家的筆觸中，還原那些歷史人物在「怒」時的情境、心境、原因，才可能如臨其境、如聞其聲。

此外，除了「怒」影響歷史成敗的因素之外，本節試著從另一個角度解釋取「怒」作爲分析人內在情緒是否相稱之因，徵引相關的「君子曰」作爲探討，並歸結君子認爲怒的情緒應如何收放才是合於禮。

（一）「怒」爲情緒之重者

本小節，旨在說明取「怒」作爲分析內在情緒是否相稱之因。

用來形容人的情緒之詞彙不可勝數，但大體常用「喜怒哀樂」概括之。用「喜」、「樂」描述人的正面情緒；而以「怒」、「哀」抒發人的負面情緒，在此四種情緒中，相形之下，又以「怒」爲情緒之重者。細想用來承接「怒」的詞彙通常是相當「激烈」的，例如：怒「火」、「暴」怒、「大」怒、「盛」怒、「震」怒，又或者是「誇張」的，如：「怒髮衝冠」、「火冒三丈」、「怒氣沖天」，彷彿是要用盡所有「大」或「強烈」的詞彙來形容「怒」的感覺，否則，無以宣洩。甚至，「視覺」上的描繪已不敷形容，還必須仰賴「聽覺」效果的輔助，來加強「怒」字的重量，例如：怒「號」、怒「吼」、怒「叱」、怒「喝」……。而我們相信，中國人創造詞彙往往源於自身的生活經驗，如果在人的情感經驗中，「怒」非情緒之重者，又何來這些與其相關的強烈詞彙？又，與怒相關的詞語就猶如人的眞實經驗一樣，由於「怒」的情緒向來難以駕馭，人之怒常難以由內遏止，然而又需找尋宣洩的出口，因此不是外顯於形，就是外放於聲，才會衍生出這麼多的「外放」詞彙，如「怒髮衝冠」、「火冒三丈」、「怒氣沖天」、「怒號」、「怒吼」、「怒斥」、「怒喝」等。

《左傳》於〈宣公十七年〉就曾借范武子（士會）之口，道出「喜怒以類者鮮，易者實多」的看法：

> 十七年春，晉侯使郤克徵會於齊。齊頃公帷婦人使觀之。郤子登，婦人笑於房。獻子怒，出而誓曰：「所不此報，無能涉河！」……范武子將老，召文子曰：「燮乎！吾聞之，喜怒以類者鮮，易者實多。《詩》曰：「君子如怒，亂庶遄沮。君子如祉，亂庶遄已。」君子之喜怒，以已亂也。弗已者必益之。郤子其或者欲已亂於齊乎？不然，餘懼其益之也。餘將老，使郤子逞其志，庶有豸乎！爾從二三子唯敬。」乃請老，郤獻子爲政。〔註20〕

〔註20〕《左傳・宣公十七年》，卷24，頁412。

晉國派遣郤克去齊國請齊頃公參加會盟，郤克爲跛腳，齊頃公使其母在帷幕後觀看郤克登堂一瘸一拐的模樣，刻意嘲弄郤克，損其自尊，而人在身體上的殘缺往往易成爲個人最介意、最自卑之處，郤克時爲上軍副師，〔註 21〕本應位高受崇，但反受辱而怒。另一方面，范武子早已洞燭機先，認爲郤克「怒」之朝往——即選擇「已」（停止）抑或「弗已」（不停止）勢必會成爲「不亂」與「亂」的關鍵，於是向兒子士燮道出「喜怒以類者鮮，易者實多」之語。「類」者，楊伯峻釋爲「法也。喜怒合乎禮法者，曰以類，不然，便爲不類。」〔註 22〕而「易」者，杜預釋爲「遷怒也。」〔註 23〕竹添光鴻則認爲「杜云遷怒也，蓋舉重而釋之，故不言喜。」〔註 24〕亦即：發怒之人，其情緒能符合禮法的甚少，反倒是遷怒者爲多，因此范武子斷然選擇告老，其因則互見於《國語．晉語五》：

> 范武子退自朝曰：「燮乎！吾聞之，干人之怒，必獲毒焉。夫郤子之怒甚矣。不逞於齊，必發諸晉國。不得政，何以逞怒？余將致政焉，以成其怒，無以內易外也。」〔註 25〕

范武子認爲郤子之怒一定會尋求發洩的出口，若無法在受辱的齊國得逞，必然會宣洩於晉國，因此范武子藉著致仕，將政權移交給郤克，並希望郤克得政逞其怒，避免造成兩國之間的衝突。

以現實的生活經驗來說，「怒」在眾多情緒當中屬於強烈及難以駕馭，而對於春秋時人〔註 26〕而言，也認爲「怒」的情緒難以遏止，控制是否得當，常是亂的停止或滋生的關鍵，因此，個人若能要求自己在「怒」的情緒上合乎禮，那麼面對其他情緒的掌控自然也難不合禮了，所以，本小節取「怒」爲代表，作爲分析內在情緒之「稱」。

（二）「怒」之正與邪

在《論語》中，孔子稱讚顏淵「不遷怒，不貳過，可謂好學也已矣。」〔註 27〕但在《左傳》中，君子不以高道德的標準去要求人要有「不遷怒」的表現，

〔註 21〕〈宣公十二年〉：「士會將上軍，郤克佐之。」
〔註 22〕《春秋左傳注》，頁 774。
〔註 23〕《左傳經傳集解》，頁 170。
〔註 24〕《左傳會箋》，頁 791。
〔註 25〕《國語．晉語》，頁 400。
〔註 26〕如上述的范武子。
〔註 27〕《論語集注》，卷 3，〈雍也〉第 6，頁 84。

君子反而認同人在盛怒的之下可以有宣洩的出口，而君子看重的是怒後朝往的方向是正或邪，因爲這代表著個人在怒後是否能自省，將怒化爲合乎禮的表現。而承如前文所言，發怒能合於禮法者少，在《左傳》描寫的人物中，能將怒化爲正面的力量者，屈指可數，而君子對狼瞫尤爲稱道，根據〈文公二年〉記載：

> 戰於殽也，晉梁弘御戎，萊駒爲右。戰之明日，晉襄公縛秦囚，使萊駒以戈斬之。囚呼，萊駒失戈。狼瞫取戈以斬囚，禽之以從公乘，遂以爲右。箕之役，先軫黜之而立續簡伯。狼瞫怒。其友曰：「盍死之？」瞫曰：「吾未獲死所。」其友曰：「吾與汝爲難。」瞫曰：「《周志》有之：『勇則害上，不登於明堂。』死而不義，非勇也。共用之謂勇。吾以勇求右，無勇而黜，亦其所也。謂上不我知，黜而宜，乃知我矣。子姑待之。」及彭衙，既陳，以其屬馳秦師，死焉。晉師從之，大敗秦師。君子謂：「狼瞫於是乎君子，《詩》曰：『君子如怒，亂庶遄沮。』又曰：『王赫斯怒，爰整其旅。』怒不作亂，而以從師，可謂君子矣。」〔註 28〕

狼瞫曾在殽之戰，因武勇獲得晉襄公賞識，得以擔任車右一職；箕之戰時，卻爲晉國主帥先軫罷黜，〔註 29〕狼瞫怒之，其友建議狼瞫「以死明志」或「犯上作亂」：當友人慫勇狼瞫以「死」明志時，狼瞫以「未獲死所」應之，意即：他對死並不感到恐懼，只是還找不到理由讓自己的死彰顯出價值來，如果貿然自縊，既無法爲這世界改變什麼，也無法貢獻什麼；當友人又慫恿其「犯上作亂」時，狼瞫又以「死而不義，非勇也」、「共用（死於國用）之謂勇」應之，其實已暗示了「死有輕於鴻毛，重於泰山」，如果人生只有一次，他期望自己的殞落不是爲了小我，是爲了大我，能死得高尚、有意義。狼瞫表明此兩途徑皆非勇也，因此皆不取。此外，狼瞫「怒」的原因在於「上不知我」，當他很清楚地知道「勇」應展現的正面意義，亦將其視爲自己內心恆常之志時，不被瞭解，是種鬱悶，此外，更有平日所實踐之志無法施展的無奈。不過，狼瞫深知：若將「怒」發洩於「犯上作亂」，豈不證明瞭自己「無勇」或

〔註 28〕《左傳・文公二年》，卷 18，頁 301。

〔註 29〕至於狼瞫被黜之因，孔疏曰：「御與戎雖有常員，必臨戰更選定之。韓之戰，卜右，慶鄭吉，是其事也。自殽戰之後，狼瞫爲右。箕之役，將戰，選右，先軫黜之。」

「上不知我」是個事實？在仔細權衡後，狼瞫將「怒」收束為一種沉靜與等待，至彭衙之役，率領屬下衝鋒陷陣，殉死沙場，協助晉國大敗秦師，將怒化為一種為大我犧牲的力量。「以其屬馳秦師」，「馳」字代表著這場戰役，狼瞫將「怒」的力量放到最大，在沙場上，將「勇」的精神發揮到淋漓盡致。

也因此，「君子曰」給予狼瞫「君子」之評價，理由是：「怒不作亂，而以從師」，足見君子對狼瞫的肯定源於其對「怒」後的抉擇，狼瞫選擇了彭衙之役，作為其遷怒的舞臺，將怒化為勇氣的正向展現。

而君子重視人在怒後是否能藉著省思，進而化為正向的力量，此著眼點與《左傳》本身是契合的，《左傳・僖公二十三年》敘重耳出亡在外十九年之事，將近二十年顛沛流離的生活，雖然讓重耳飽受人情冷暖，但卻也成了其練達人情最好的試煉場，史載：

> 過衛，衛文公不禮焉。出於五鹿，乞食於野人，野人與之塊。公子怒，欲鞭之。子犯曰：「天賜也。」稽首受而載之。〔註30〕

重耳流亡至衛時，曾向一農人乞食，但農人卻給了土塊，重耳因受辱而怒，原本欲將怒遷於農人身上，但子犯以「天賜也。」一語化解了爭執。杜注：「得土，有國之祥，故以為天賜。」〔註31〕古人認為建國不可或缺的根本即為「土地」及「糧食」。「土地」，是人民安身立命之地；「糧食」，是人民賴以生存之物，因此「社神」和「稷神」為建國首要，亦為帝王所重，對「社」、「稷」的尊崇，即是尊重人民最基本的生存條件，也是「社稷」最主要的涵義。重耳由「怒」而「受」，由「欲鞭」到「稽首」的轉變過程，除了子犯扮演著重要的引導角色，也要重耳能納諫言，願意檢討自我，才能將怒的負面情緒轉為鼓舞壯心的正面力量。

相對於狼瞫、重耳將「怒」化為成就國家、自己的力量，子公卻為一勺黿羹怒而弒君：

> 楚人獻黿於鄭靈公。公子宋與子家（歸生）將見，子公之食指動，以示子家，曰：「他日我如此，必嘗異味。」及入，宰夫將解黿，相視而笑。公問之，子家以告。及食大夫黿，召子公而弗與也。子公怒，染指於鼎，嘗之而出。公怒，欲殺子公。子公與子家謀先，子家曰：「畜老，猶憚殺之，而況君乎？」反譖子家。子家懼而從之。

〔註30〕《左傳・僖公二十三年》，卷15，頁251。
〔註31〕《春秋經傳集解》，頁109。

> 夏，弒靈公。書曰：「鄭公子歸生弒其君夷」，權不足也。君子曰：「仁而不武，無能達也。」凡弒君：稱君，君無道也；稱臣，臣之罪也。〔註 32〕

故事的脈絡爲：子公每次食指動，必能嚐到美食，「必」的意思代表了屢試不爽、沒有例外，也呈現了子公對己的自信。當宰夫將解黿，子公的預感即將一步步地化爲事實時，「相視而笑」表現了其對嘗美味的期待與勝券在握的心情，然而，故事出現了轉折：鄭靈公知道了此事，「及食大夫黿，召子公而弗與也」，「召」代表鄭靈公是主動地邀請，但召了又「弗與」，是刻意的、故意的讓子公的預言不靈驗，子公「怒」的原因不在於未嘗到黿的美味，而是不甘自信被侵犯、被輕視，也因此，埋下了「弒靈公」的動機。雖然後來《春秋》載事時，將弒君之罪歸咎於子家而非子公，但是子公之罪已不由分說。

此外，羊斟因區區一杯羊羹，將個人之怒於國家，君子也予以極嚴厲的指責，〈宣公二年〉載道：

> 將戰，華元殺羊食士，其御羊斟不與。及戰，曰：「疇昔之羊，子爲政：今日之事，我爲政。」與入鄭師，故敗。君子謂：「羊斟，非人也，以其私憾，敗國殄民，於是刑孰大焉？《詩》所謂：『人之無良』者，其羊斟之謂乎！殘民以逞！」〔註 33〕

《左傳》「君子謂」對「羊斟」的評論爲「非人也」、「刑孰大焉」，雖然不若孟子常以「禽獸」來批判，但以「非」、「無良」、「刑莫大於此」來否定一個眞實的人存在的價值，可以說是極嚴厲的指責了。

君子指責的理由在於羊斟「以其私憾，敗國殄民」。導火線是在一次對鄭國的戰役前，爲提振士氣，宋國主帥華元殺羊犒賞士兵，卻略過駕車的羊斟不與，羊斟在乎的並不是口腹之欲，而是自己不被尊重、平等對待的感受，不過即使華元不敬在先，也屬於「私憾」（私恨），即個人之間的恩怨，但羊斟卻將個人之事與國、民之事混淆，將一己之怒，逞快於「國」、「民」，造成宋國「敗」、「殄」的結果。

在這起衝突事件中，雖然華元亦有於賞不公之罪，但《左傳》似乎忽略了對華元的數落，而將矛頭指向羊斟，猶如前文野人與重耳的情況一樣，《左傳》在行文間對無禮之野人未流露出責備之意，反將筆觸著墨於重耳對應事

〔註 32〕《左傳・宣公四年》，卷 21，頁 368～369。
〔註 33〕《左傳・宣公二年》，卷 21，頁 363。

件的處理態度。本文試揣摩史家的用意，究竟何故？或許歷史就像一面鏡子，映照著古來今往共同的生活經驗，在眞實的人生中，人們不可能總是順遂，偶然遭受到外在的挫折、打擊、不滿、壓抑，本屬應然，而外在環境的困頓，常來得突然，也並非自己所能改變的，山不轉路轉，只好由內調適自己的心境與態度，也因此，《左傳》在描寫怒的事件，在「激怒」與「被怒」之間，總是側重於評論「被怒者」在「怒」後的處理態度：該如何宣洩或朝往？積極或消極？這常要經過一段省思或調適，而其抉擇也往往突顯了一個人所看重之事爲何？正如同羊斟和狼瞫、重耳在「怒」後，克服怒氣的態度不同，人生的格局也從此分道揚鑣，立足於不同的層次上：羊斟的私憾凌駕了良知，以怨報怨，逞匹夫之勇的結果是將國、民帶往慘敗之路；狼瞫則是在怒之後，亦不改自己平日所實踐之志——勇，反爲晉國贏得勝利；而重耳則是在怒中反省，將其化爲鼓舞自己的力量，樹立往來的能納、能自省的霸王風範。

第五章 「君子曰」所代表的時代與思想

承續第一章所言，「君子曰」的眞僞，自林黃中、朱熹、劉逢祿、皮錫瑞、崔適等人高倡爲劉歆附益之說，一時甚囂塵上，但經劉師培、錢穆、楊向奎、鄭良樹、盧心懋、龔慧治等人的抽絲剝繭，層層考證後，非劉歆等人所附益已成爲定案。對於《左傳》與「君子曰」的關係，目前學界大體認可《左傳》與「君子曰」是一體的，沒有太大的分歧，只是「君子曰」若是史料本身就有，編纂《左傳》的史家將其選擇摘錄進來，那麼「君子曰」所代表的思想與價值觀便屬春秋時期；若是戰國時人在編纂《左傳》的過程，將自己的意見附諸上去，那麼「君子曰」所代表的思想與價值觀便屬戰國時期，此兩種說法，都有學者執見一隅，由於本文旨在探討「君子曰」中的君臣之道，對於「君子曰」的來源關乎到對君臣之道的定位，因此獨闢一章分析之。

在判斷「君子曰」文句所屬的時代與思想前，必須思考一個更根基的問題：在時代的遞嬗之中，什麼是不變的？什麼是會變的？諸如孝的觀念，從古自今皆然，屬不變的普世價值，但附屬於孝的外在禮儀卻會因時制宜，諸如父母去世，必須「守喪三年」，〔註 1〕但現在人們對於父母去世，仍有子欲養而親不待的孝親之心，只是對於「守喪與否」或「守喪的年限」已不那麼拘泥了，因此，孝的根本精神沒有變，改變的是孝表現於外的形式。又諸如

〔註 1〕《中庸》：「三年之喪達乎天子，父母之喪無貴賤一也。」而在《論語》中，宰予認爲服三年之喪太久時，孔子指責宰予「不仁」並道出堅持服喪三年之由：「子生三年，然後免於父母之懷。夫三年之喪，天下之通喪也。予也有三年之愛於其父母乎？」見《四書章句集注》《中庸章句》，頁 26、《論語集注》，卷 9，〈陽貨〉第 17，頁 181。

「重喪」的觀念，自古迄今皆有，但從以前的「以人爲殉」、「以俑爲殉」到對「殉」的否定，在喪禮形式的轉變中，可以看到人們對人道的尊重，是逐漸醞釀、省思的過程，藉由探討此類轉捩點，有助於我們看到不同時代背景所展現的思想價值。

因此，我們必須先區分「君子曰」中的思想，哪些經歷時光的流轉仍不變？哪些產生了變異？

《左傳》重禮，舉凡人倫之禮、軍禮、樂禮……皆在禮的範疇之內。君子亦強調要「知禮」，「禮」的具體實踐爲「講讓」、〔註 2〕「盡忠」、〔註 3〕「任賢」〔註 4〕……，這些常道幾乎不會隨著時光荏苒而改變；〔註 5〕又，君子認

〔註 2〕如〈隱公三年〉：「君子曰：『宋宣公可謂知人矣。立穆公，其子饗之，命以義夫！商頌曰：『殷受命咸宜，百祿是荷。』其是之謂乎！」言宋宣公能以「賢」作爲讓出王位的衡量條件；〈襄公十三年〉：「君子曰：『讓，禮之主也。范宣子讓，其下皆讓，欒黶爲汰，弗敢違也。晉國以平，數世讓之，刑善也夫！一人刑善，百姓休和，可不務乎！……」言范宣子能省思「孰能適任」，並爲晉國之整體和諧設想，讓出上位；〈成公二年〉：「君子曰：『管氏之世祀也宜哉！讓不忘其上，《詩》曰：『愷悌君子，神所勞矣！』」則是言管仲能顧全齊國大局，讓出上卿之禮。詳參本論文第四章第一節的討論。

〔註 3〕「君子曰」提及「盡忠」均指「臣忠於社稷（民事）」，以正面呈現盡忠之理，如〈襄公五年〉：「季文子卒，大夫入斂，公在位。宰庀家器爲葬備，無衣帛之妾，無食粟之馬，無藏金玉，無重器備。君子是以知季文子忠于公室也：「相三君矣，而無私積，可不謂忠乎？」、〈襄公十四年〉：「楚子囊還自伐吳，卒。將死，遺言謂子庚必城郢。君子謂子囊忠。君薨，不忘增其名；將死，不忘衛社稷，可不謂忠乎？忠，民之望也。《詩》曰：『行歸于周，萬民所望』，忠也。」、〈文公三年〉：「子桑之忠也，其知人也，能舉善也。……『詒厥孫謀，以燕翼子』，子桑有焉。」亦有以反面呈現盡忠之理，如〈定公九年〉：「鄭駟歂殺鄧析，而用其《竹刑》。君子謂子然於是不忠。苟有可以加於國家者，棄其邪可也。〈靜女〉三章，取彤管焉。〈竿旄〉：『何以告之』，取其忠也。故用其道，不棄其人。《詩》云：『蔽芾甘棠，勿翦勿伐，召伯所茇。』思其人，猶愛其樹，況用其道而不恤其人乎！子然無以勸能矣。」以上，詳參本文第三章第一節「進步的思想：君臣忠於社稷（民事）」的相關探討，頁 63～68。

〔註 4〕如〈昭公元年〉：「君子曰：『莒展之不立，棄人也夫！人可棄乎？《詩》曰：『無競維人。』善矣。」；〈文公六年〉：「秦伯任好卒，以子車氏之三子奄息、仲行、鍼虎爲殉，皆秦之良也。國人哀之，爲之賦〈黃鳥〉。君子曰：『秦穆之不爲盟主也宜哉！死而棄民。先王違世，猶詒之法，而況奪之善人乎？《詩》曰：『人之云亡，邦國殄瘁。』無善人之謂，若之何奪之？古之王者，知命之不長，是以並建聖哲，樹之風聲，分之采物，著之話言，爲之律度，陳之藝極，引之表儀，予以法制，告之訓典，教之防利，委之常秩，導之禮則，使毋失其土宜，眾隸賴之，而後即命，聖王同之。今縱無法以遺後嗣，而又收其良以死，難以在上矣！』君子是以知秦之不復東征也。」以及前註「鄭駟

爲對戰事應該要有「懼」及「備」的心態，從古至今，不僅是戰事上，「凡事豫則立，不豫則廢」〔註 6〕的觀念放諸其他行事亦準，那麼，既然是不會因爲時間遞嬗而改變的觀念，自然不用去強調應該歸屬於哪個時代的思想價值。不過，此時又衍生一個問題，如果上述所提及的觀念都能爲世人所認同，爲何編纂《左傳》的史家又要假借君子之口加以強調？「君子曰」貴爲史論的濫觴，影響後世史家甚多，若《左傳》中的君子只是將舊有的價值老調重談，恐怕無法得到後人的迴響及讚美。本文認爲：任何的文本都必須放到歷史的脈絡去談，《左傳》筆下的人物，身處禮樂崩壞、價值淪喪的時代，而史家的記事方式著重因果關係，往往以成敗論英雄，用成敗去檢討歷史人物的得失，並歸結歷史的發展遵循著一定的道德規律。因此我們可以這樣解釋：史家在編纂《左傳》的過程，看著歷史人物因不禮、不讓、不忠、不任賢、不懼、不備而導致失敗，這樣重蹈覆轍的戲碼，不斷地上演，人們似乎遺忘了前車之鑑，基於痌瘝在抱的苦心，所以不得不假君子之口不厭其煩地糾正世人的觀念了。

此外，「君子曰」的文句尚有屬於「變」的思想，而本文是站在前賢既有的研究成果上，將「君子曰」的文句放在歷史的脈絡中，分判這些文句所屬的時代與思想，而所分析的內容，以本論文前三章所徵引的君子曰內容爲主（刑、戎、忠），而延申至其他相關的君子曰文句。

第一節　以刑治國的思想

「君子曰」（含仲尼曰）有諸多對「刑」的看法，試列舉如下：

君子曰：「石碏，純臣也。惡州吁厚與焉。『大義滅親』，其是之謂乎！」〔註 7〕

歂殺鄧析」一則，皆是君子對任用賢人的探討。詳參本文第三章第二節「忠於舉善用賢的時代傾向」。

〔註 5〕「知禮」的基本精神雖自古迄今如一，但由於「禮」是統攝各項德目的核心，涉及的層面及範疇既廣又複雜，「不變」之中仍有些微的「變」，亦即今人在繼承前人的傳統之中，仍有創新及改變的成份，而此「變」並非動搖了「禮」的根本，而是外在形式的因時制宜。例如：「君子曰」言「盡忠」指「臣忠於社稷（民事）」，基本的內涵古今皆然，但具體的實踐內容卻有別，諸如此類的細部分辨，讀者察之。

〔註 6〕見《中庸章句》，頁 31。

〔註 7〕《左傳・隱公四年》，卷 3，頁 57。

> 君子謂鄭莊公失政刑矣：政以治民，刑以正邪。既無德政，又無威刑，是以及邪。邪而詛之，將何益矣！〔註8〕
>
> 君子謂文公能刑矣，三罪而民服。《詩》云：「惠此中國，以綏四方。」不失賞刑之謂也。〔註9〕
>
> 君子謂楚共王於是不刑。《詩》曰：「周道挺挺，我心扃扃。講事不令，集人來定。」己則無信，則殺人以逞，不亦難乎！《夏書》曰：「成允成功。」〔註10〕
>
> 仲尼曰：「叔向，古之遺直也。治國制刑，不隱於親。三數叔魚之惡，不為末減。曰義也夫，平丘之會，數其賄也，以寬衛國，晉不為暴。歸魯季孫，稱其詐也，以寬魯國，晉不為虐。邢侯之獄，言其貪也，以正刑書，晉不為頗。」〔註11〕

「刑」是上述五則引文的共同焦點，但君子稱石碏「大義滅親」、仲尼稱叔向「治國制刑，不隱於親」，又涉及「誅不避親」的層面；而君子責共王「不刑」，乃是由於共王在令尹子辛有過前，未能防微杜漸，予以懲治，待釀成大禍才行刑，君子批評其未掌握執刑的要領，因此此則涉及「用刑於將過」的概念。關於這方面的探討，張端穗於〈《公羊傳》與《穀梁傳》親親觀比較研究——以君王對待世子、母弟之道為探索焦點〉〔註 12〕一文已有研究成果，張端穗以為孔、孟重親親之道，絕不會贊成「誅不避兄（親）」的觀念，而荀子雖也重親親之道，但站在尊尊的立場認定「暴兄可誅」。此外，《管子》有「罰不避親貴」、《慎子》有「骨肉可刑，親戚可滅」、《韓非子》亦認為只要是「害國傷民敗圮類」，即使是「父兄子弟之親」亦皆可誅，而《呂氏春秋》亦肯定腹䵍殺子之舉，但思想起源則為墨家。此外，「用刑於將過」的觀念，可與《商君》、《韓非子》的思想互為印證。〔註 13〕

〔註 8〕《左傳・隱公十一年》，卷 4，頁 81。

〔註 9〕《左傳・僖公二十八年》，卷 16，頁 276。

〔註10〕《左傳・襄公五年》，卷 30，頁 515。

〔註11〕《左傳・昭公十四年》，卷 47，頁 821。

〔註12〕張端穗：〈《公羊傳》與《穀梁傳》親親觀比較研究——以君王對待世子、母弟之道為探索焦點〉，詳參頁 26～38。

〔註13〕詳參〔民國〕朱師轍：《商君書解詁定本》，頁 33～34。「治國刑多而賞少，亂國賞多而刑少。故王者刑九而賞一，削國賞九而刑一。夫過有厚薄，則刑有輕重；善有大小，則賞有多少。此二者，世之常用也。刑加於罪所終，則姦

經整理張端穗的意見後，對照君子對「刑」的看法，可以臆測與四者有關：春秋時期的法家（管子）；戰國時期的儒家（荀子）、法家（商鞅、愼到、韓非子）或雜家（《呂氏春秋》的墨家思想）。

但是，當我們對照《左傳》的成書年代，卻發現有所牴觸，〔註 14〕葉國良、夏長樸、李隆獻等學者匯集各派的說法，認爲《左傳》成書應定位於戰國初年，距魯哀公之世百年左右，〔註 15〕意即：《左傳》的思想不會是源於戰國晚期的諸子，例如：荀子、韓非子、呂不韋，因爲他們的出現晚於《左傳》成書的時代。那麼，我們應該要如何釐清「君子曰」跟這些諸子思想價值上的本末關係呢？尤其是「刑」的觀念與戰國時期的法家思想甚爲契合，本文試著提出幾種解釋：戰國時期的《荀子》、《愼子》、《韓非子》及《呂氏春秋》，已經建立了自己的一套思想體系，但思想體系的建立，並非光靠一人殫精竭慮就能有所成，這些戰國諸子應是汲取了前人的思想，進而發展成自己的學說，因此，我們大膽的假設：「君子曰」對「刑」的觀念是汲取了戰國諸子思想在春秋時期的根源。也或者：在《左傳》成書之前，「刑」的觀念並非僅隸屬法家的思想價值，人們對「刑」的觀念還處於界定混沌的狀態，只是後來儒家、法家、雜家各取所需，汲取「刑」部份概念來奠定自己的學說理論，使得後世對「刑」的概念及思想價值愈趨明顯，因此，當我們提及「刑」的概念時，總是聯想到法家。

此外，誠如上述所云，《左傳》君子強調「用刑治國」，恐有人提出這樣

不去，賞施於民所義，則過不止。刑不能去姦，而賞不能止過者，必亂。故王者刑用於將過，則大邪不生；賞施於告姦，則細過不失。治民能使大邪不生，細過不失，則國治，國治必彊。」（台北：世界書局，1966 年）《韓非子集解》，卷第 17，〈說疑〉第 44，頁 400。「凡治之大者，非謂其賞罰之當也。……是故禁姦之法，太上禁其心，其次禁其言，其次禁其事。」卷第 13，〈外儲說右上〉第 34，頁 314。「子夏曰：『《春秋》之記臣殺君，子殺父者，以十數矣，皆非一日之積也，有漸而以至矣。……。』故子夏曰：『善持勢者，蚤絕姦之萌。』」

〔註 14〕這裡說的「牴觸」並非指張端穗的研究成果，張端穗所探討的範疇爲《公羊傳》及《穀梁傳》，二書的成書之說界於戰國至漢，其探究親親觀的思想源頭，追溯到戰國晚期諸子本爲合理。而筆者所謂的「牴觸」指的是若把「君子曰」的思想的源頭歸到戰國晚期諸子則會產生矛盾。

〔註 15〕詳參〔民國〕葉國良、夏長樸、李隆獻：《經學通論》頁 256。此書徵引日人狩野直喜〈左氏辨〉、劉汝霖、楊伯峻各家的說法，認爲《左傳》成書時期應定於戰國初年，距魯哀公之世百年左右。（臺北：國立空中大學，1996 年）

的質疑：若說《左傳》的成書是因爲「懼弟子人人異端，各安其意，失其眞，故因孔子史記具論其語」，〔註16〕那麼，孔子是否主張「用刑」？一般持《論語》〈爲政〉篇：「子曰：『道之以政，齊之以刑，民免而無恥；道之以德，齊之以禮，有恥且格』。」以及〈顏淵〉篇：「孔子對曰：『子爲政，焉用殺？子欲善，而民善矣。君子之德，風；小人之德，草。草上之風，必偃。』」之證者認爲孔子是用「德」、「禮」取代「政」、「刑」治國；〔註17〕然而季旭昇先生引戰國出土文獻《上博三・仲弓》，釋「宥過舉罪」一句，認爲孔子主張「寬柔減刑」，〔註18〕以及《論語・子路》孔子回應子路「爲政必先正名」之語：「名不正，則言不順；言不順，則事不成；事不成，則禮樂不興；禮樂不興，則刑罰不中；刑罰不中，則民無所措手足。」、〔註19〕《荀子・宥坐》、《史記》誅少正卯的記載，〔註20〕認爲孔子主張刑罰要適當，並非大小罪都可赦免，由於信而有徵，不妨可作爲參證。〔註21〕此外，對照《左傳》原典，孔子曾誇讚叔向「治國制刑，不隱於親」是「古之遺直也」，〔註22〕同時有「寬以濟猛，猛以濟寬，政是以和」之語，〔註23〕因此，我們可以說：《左傳》君子強調「以刑治國」，亦有源於孔子思想的成份。

第二節　王道與仁義的戰爭主張

「君子曰」在戰爭思想方面，可分爲「變」與「不變」，在戰前的「戒懼」及「防備」心態是放諸古今皆準的思想價値，〔註24〕而本小節要分判的是「變」的部份，據朱賜麟於《曹劌之陣思想研究——及其在春秋兵學思想史上的意

〔註16〕《史記・十二諸侯年表》，卷14，頁228。

〔註17〕詳參《論語集注》，卷1，〈爲政〉第2，頁54、卷6，〈顏淵〉第12，頁138。

〔註18〕季旭昇先生認爲：《上博三・仲弓》是一篇重要的孔子政論，全篇寫孔子指示仲弓事君之道，其中對「惑恁舉辠」一句的討論，學者看法不同，但此關係到孔子的政刑思想。陳劍、楊懷源先生皆將此處讀爲「宥過赦罪」，但季旭昇先生將此處解讀爲「宥過舉罪」。

〔註19〕原文詳參註180。

〔註20〕原文詳參註181。

〔註21〕詳參〈從新出戰國材料看孔子的政刑思想——以《上博三・仲弓》「宥過舉罪」爲例〉

〔註22〕《左傳・昭公十四年》，卷47，頁821。

〔註23〕《左傳・昭公二十年》，卷49，頁861。

〔註24〕詳見上節的討論，不再贅述。

義》的研究歸納自西周建國以至春秋、戰國，在兵學思想上的大體形勢演變為：

> 在政治思想上的發展，對於時代環境的演變軌跡，必然有其先導作用在其中。因此我們觀察從春秋時代到戰國時代，其政治思想表現在兵學上的最大不同在於：春秋用兵仍存有周室王道思想，存亡、繼絕、舉廢、背而討之、服則捨之。但戰國時代則務在代周自王，用兵以滅國、絕祀、兼併為主。所以兩者在戰爭的動機、手段、規模方面都有極大的差異。〔註25〕

春秋與戰國的兵學思想，最大的分判在於前者仍存有周室王道思想、存亡、繼絕、舉廢、背而討之、服則捨之，而後者以滅國、絕祀、兼併為目的。若以此標準來檢視，則發現「君子曰」的文句摻雜著春秋及戰國的思想價值。以下便一一辨析之，〈隱公十年〉「君子謂鄭莊公正矣」：

> 君子謂鄭莊公於是乎可謂正矣，以王命討不庭，不貪其土，以勞王爵，正之體也。〔註26〕

鄭莊公為周王左卿士，用天子的命令討伐不朝覲的諸侯，不宜接受宋國的土地，因此將土地歸於受天子爵位的諸侯（即臨近宋國的魯國），君子對鄭莊公的表現，讚賞為「正（政）之體」，這種「尊王」的思想，應該屬春秋時期的兵學思想。

此外，同樣也是針對鄭莊公而發的評論：

> 君子謂鄭莊公於是乎有禮。禮，經國家，定社稷，序民人，利後嗣者也。許無刑而伐之，服而捨之，度德而處之，量力而行之，相時而動，無累後人，可謂知禮矣。〔註27〕

鄭莊公因為許國沒有法度而討伐之，但是許國服罪就寬恕它，這種還存有仁人之心的想法，亦屬春秋時期。

而〈隱公十一年〉「君子論息國」及〈僖公二十八年〉「君子論城濮之戰」兩則，君子同樣都將戰事的成敗歸於是否有「德」：

〔註25〕《曹劌之陣思想研究——及其在春秋兵學思想史上的意義》，頁207～208。朱賜麟的結論由分析「曹劌之陣」以及「《左傳》五大戰役」，印證劉向的〈戰國策序〉的說法而來，因此以下的分析，我們不妨也與〈戰國策序〉的原文參看。

〔註26〕《左傳・隱公十年》，卷4，頁78。

〔註27〕《左傳・隱公十一年》，卷4，頁81。

> 君子是以知息之將亡也：不度德，不量力，不親親，不徵辭，不察有罪，犯五不韙，而以伐人，其喪師也，不亦宜乎？〔註28〕

> 衛侯聞楚師敗，懼，出奔楚，遂適陳，使元咺奉叔武以受盟。癸亥，王子虎盟諸侯于王庭，要言曰：「皆獎王室，無相害也。有渝此盟，明神殛之，俾隊其師，無克祚國，及而玄孫，無有老幼。」君子謂是盟也信；謂晉於是役，能以德攻。〔註29〕

君子認為息國滅亡的原因之一為「不度德」，而晉文公能在城濮之戰得勝是由於有「德」，若對照劉向在〈戰國策序〉裡提到的：

> 及春秋之後，眾賢輔國者既沒，而禮義衰矣。……至秦孝公，捐禮讓而貴戰爭，棄仁義而用詐譎，苟以取彊而已矣。〔註30〕

戰國兵學思想為「捐禮讓」、「棄仁義」、「取彊而已」，則以上「君子論息」、「君子論城濮之戰」兩則「重德」的兵學思想應屬春秋。此外，〈宣公二年〉及〈襄公十三年〉，君子在評論狂狡和吳國，同樣都是以「取勝」為目的，但卻有褒貶兩種截然不同的態度：

> 狂狡輅鄭人，鄭人入於井。倒戟而出之，獲狂狡。君子曰：「失禮違命，宜其為禽也。戎，昭果毅以聽之謂之禮，殺敵為果，致果為毅。易之，戮也。」〔註31〕

> 吳侵楚，養由基奔命，子庚以師繼之。養叔曰：「吳乘我喪，謂我不能師也，必易我而不戒。子為三覆以待我，我請誘之。」子庚從之。戰于庸浦，大敗吳師，獲公子黨。君子以吳為不弔。《詩》曰：「不弔昊天，亂靡有定。」〔註32〕

宋人狂狡在迎戰鄭人時，用戟解救了掉在井裡的鄭人，結果反而被刺死，〔註33〕君子並沒有同情狂狡，反而認為戰爭就是要表明「果毅」的精神才合乎禮，

〔註28〕《左傳・隱公十一年》，卷4，頁82。

〔註29〕《左傳・僖公二十八年》，卷16，頁274。

〔註30〕參見〔清〕姚鼎編著；〔民國〕王文濡評注：《大字本評註古文辭類纂》，頁218。（臺北：華正書局，1979年）

〔註31〕《左傳・宣公二年》，卷21，頁362。

〔註32〕《左傳・襄公十三年》，卷32，頁556。

〔註33〕古時生獲（活捉）、死獲（殺死）都稱「獲」，但對照同年其他原文：「囚華元、獲華呂」，因「囚」與「獲」相對，由此可知「囚」為生獲；「獲」為「死獲」，因此「獲狂狡」是殺死狂狡，而非活捉。

所謂的「果毅」，君子解釋爲「殺敵」、「致果」，以殺敵求勝爲目的，若以劉向的標準來看，此屬戰國的兵學思想。但對照另一件史事，吳國趁著楚共王卒時侵楚，若以戰國的兵學思想而言，戰爭就是要不擇手段求勝，因此應該會認同吳國乘敵方之隙出擊，但君子指責吳國「不弔」（不善），因爲趁著敵方辦喪事之際出兵，所以才會導致失敗，這樣還懷有仁義之心的思想，屬於春秋的兵學思想。

綜上所述，「君子曰」與兵學思想相關的數則，大多還懷有周室王道思想、存亡、繼絕、舉廢、背而討之、服則捨之的仁義精神，因此偏向春秋的思想價值。不過，這僅是就本論文「君子曰」的主題而言，若要探究整部《左傳》的兵學思想價值，恐就要再延伸深究了。

第三節　忠於社稷的思想

本論文第三章提及「忠」的概念，人要有「盡忠的態度」，自古迄今皆是如此，這是屬於「不變」的價值觀念，只是在春秋時期，對於「盡忠的對象」，卻是在省思後開始有「變」的趨勢。剛開始以「策命委贄」的形式建立的關係，臣民視效忠的唯一對象爲「國君」，而且是絕對的臣服、效命，不得有貳心，倘若君賢，臣本應秉持著鞠躬盡瘁，死而後已的態度助其成就政事之完善；倘若君不賢，反變成了愚忠，助紂爲虐，禍國殘民，也許臣民在歷史的借鏡中不斷地反省，因此將忠的對象轉而以社稷、人民爲主，而君子分判筆下的四個人物（季文子、子囊、子然、子桑）〔註34〕皆是「是否以社稷爲主」或「是否對社稷有益」給予「忠」或「不忠」的評論，可見君子對於「忠」的態度是屬於較進步的思想。

除了上述可以用思想價值的改變來判斷所屬的時代，同一個文字經過時間的變遷，文義、用法的不同，有時也可以幫助我們判斷所屬的時代，諸如

〔註34〕〈襄公五年〉：「君子是以知季文子之忠於公室也——相三君矣，而無私積，可不謂忠乎？」〈襄公十四年〉：「君子謂子囊忠。君薨，不忘增其名；將死，不忘衛社稷，可不謂忠乎？忠，民之望也。《詩》曰：『行歸于周，萬民所望。』，忠也。」〈定公九年〉：「君子謂子然於是不忠。苟有可以加於國家者，棄其邪可也。〈靜女〉三章，取彤管焉。〈竿旄〉：『何以告之』，取其忠也。故用其道，不棄其人。《詩》云：『蔽芾甘棠，勿翦勿伐，召伯所茇。』思其人，猶愛其樹，況用其道而不恤其人乎！子然無以勸能矣。」分別見於《左傳》，卷30，頁515～516、卷32，頁564、卷55，頁967、卷18，頁305。

〈襄公二年〉季文子奪穆姜之棺與頌琴作爲齊姜下葬之用，君子認爲季孫「不哲」的這則：

> 夏，齊姜薨。初，穆姜使擇美檟，以自爲櫬與頌琴，季文子取以葬。君子曰：「非禮也。禮無所逆。婦，養姑者也。虧姑以成婦，逆莫大焉。《詩》曰：『其惟哲人，告之話言，順德之行。』季孫於是不哲矣。且姜氏，君之妣也。《詩》曰：『爲酒爲醴，烝畀祖妣，以洽百禮，降福孔偕。』」〔註35〕

穆姜爲魯宣公夫人，成公之母，齊姜爲成公夫人，因此「姜氏，君之妣也」，應釋爲「穆姜，是魯襄公的祖母」，然而此用法與現在「妣」釋爲「去世的母親」有所不同，楊伯峻解釋爲「春秋之世，以祖之匹配曰妣……祖爲祖父，妣爲祖母。……《曲禮下》謂『生曰母，死曰妣』，乃後起之變義」，〔註36〕除此，黃一凡亦於《兩周金文親屬稱謂研究》引郭沫若〈釋祖妣〉一文，並考察金文材料，歸結出「母爲妣」爲戰國後的新義：

> 在春秋末年，「妣」與「母」仍未混淆，大概是在戰國以後，「妣」與「母」才漸漸等同起來，例如：《禮記・曲禮》就講「生曰父、母、妻，死曰考、妣、嬪。」「母」與「妣」的差異，變成「生」與「死」之分別，故《爾雅・釋親》云：「母爲妣。」大約可以斷定是戰國秦漢以來的新意義。〔註37〕

我們可由這則「妣」的字義演變推測：「君子曰」的年代屬於春秋時期。

〔註35〕《左傳・襄公二年》，卷29，頁498。

〔註36〕《春秋左傳注》，頁921。

〔註37〕詳參〔民國〕黃一凡：《兩周金文親屬稱謂研究》，頁13～14，國立清華大學碩士論文，2011年。

第六章　結　論

本論文主要是基於《左傳》在「內容取材」與「君子曰」兩方面具有展現自我價值判斷的空間，即能以史家的視野出發，靈活地選擇材料解釋《春秋》經文，並在「君子曰」的文句書寫上具有選擇、主導性，展開對「君子曰」的觀察，而探究的範圍以君臣之道爲主，研究結果發現：君子有意從與「君」的對襯之中突出「臣」的價值。

以承擔政事的責任而言：《左傳》巧妙的以「寵——信」、「諫——弗聽」兩種行文方式收束於失敗的結果，藉以突出人臣「諫」的重要，而「諫」是人臣對應國君智慧的展現，君子對於能諫之臣總是予以肯定，不過另一方面也道出在亂世之中，人臣有著進退失據的無奈。

以對社稷的責任而言：《左傳》肯定君臣皆應該忠於社稷，爲人民的福祇著想，只是國君要從傳統的「唯君是從」的框架中跳脫出來，難免需要過渡的適應時期，因此人臣總是扮演著引導的角色，引領國君去思考「社稷爲主」的觀念，因此君子對於「忠」的讚美亦止於臣道。

從維持禮制的方面來說：「讓」是透過「孰能適任」的省思，知道自己能力的侷限並欣賞他人的長處，不以突出個人爲傲，在於追求整體之和諧，而君子所重的「讓，禮之主也」的精神正是在此，雖說國君和人臣均可「讓賢」，然而「讓出王位」僅限於少數人能爲，「讓出上位」則人人可實踐，因此君子對「讓」的讚美亦歸於「臣」。此外，不管是外在器名及內在情緒之「稱」，呈現了君子對君臣合禮的期盼：君子希望人由外在器名的相稱與否去檢視內心之禮，並將存心之禮化爲外在的具體實踐；而怒的情緒向來爲人難以駕馭，君子認同人有遷怒的可能，但期盼人能在省思後，將怒化爲正面的力量。

縱上所述，在《左傳》一書之中，君子在「諫」、「忠」、「讓」方面突顯「臣」的責任，藉以彰顯其價值，此地位的提高或許未契合現實的政治情況，但這些人臣所樹立的懿美風範彷彿如同微微的星光，爲這晦暗的時代，注入些正面的能量，這是史家所衷心期盼的。而若將君子曰放在歷史的脈絡中來檢視，君子所闡述的思想價值有「變」與「不變」之分，對於檢視「不變」的思想價值，可以看出史家希冀世人勿重蹈覆轍的用心，而對於檢視「變」的思想價值，有助於我們理解在時間的遞嬗中，思想文化經歷了哪些改變？限於篇幅，對於君子曰的時代思想價值判定，只能就本論文涉及的相關思想而論，其他未涉及的議題，將作爲後續深究的方向。

〈附　錄〉

一、《左傳》援引「君子曰」資料一覽表

※爲方便對照，頁碼採〔晉〕杜預注；〔唐〕孔穎達疏；〔清〕阮元校勘：《左傳注疏》（臺北：藝文印書館，1993 年）

出處	原　　文	評議對象	頁碼
隱元	君子曰：「潁考叔，純孝也，愛其母，施及莊公。《詩》曰：『孝子不匱，永錫爾類』，其是之謂乎！」	潁考叔（鄭）	37
隱三	君子曰：「信不由中，質無益也。明恕而行。要之以禮，雖無有質，誰能間之？苟有明信，澗、溪、沼、沚之毛，蘋、蘩、薀、藻之菜，筐、筥、錡、釜之器，潢、汙、行、潦之水，可薦於鬼神，可羞於王公，而況君子結兩國之信，行之以禮，又焉用質？風有〈采蘩〉、〈采蘋〉，雅有〈行葦〉、〈泂酌〉，昭忠信也。」	周平王 鄭莊公	51～52
隱三	君子曰：「宋宣公可謂知人矣。立穆公，其子饗之，命以義夫！商頌曰：『殷受命咸宜，百祿是荷。』其是之謂乎！」	宋宣公	52
隱四	君子曰：「石碏，純臣也。惡州吁厚與焉。『大義滅親』，其是之謂乎！」	石碏（衛）	57
隱五	君子曰：「不備不虞，不可以師。」	燕國	61
隱六	君子曰：「善不可失，惡不可長，其陳桓公之謂乎！長惡不悛，從自及也。雖欲救之，	陳桓公	70～71

出處	原　　　　文	評議對象	頁碼
	其將能乎？商書曰：『惡之易也，如火之燎于原，不可鄉邇，其猶烈撲滅？』周任有言曰：『爲國家者，見惡如農夫之務去草焉，芟荑蘊崇之，絕其本根，勿使能殖，則善者信矣。』」		
隱十	君子謂鄭莊公於是乎可謂正矣，以王命討不庭，不貪其土，以勞王爵，正之體也。	鄭莊公	78
隱十一	君子謂鄭莊公於是乎有禮。禮，經國家，定社稷，序民人，利後嗣者也。許無刑而伐之，服而舍之，度德而處之，量力而行之，相時而動，無累後人，可謂知禮矣。	鄭莊公	81
隱十一	君子謂鄭莊公失政刑矣；政以治民，刑以正邪。既無德政，又無威刑，是以及邪。邪而詛之，將何益矣！」	鄭莊公	81
隱十一	君子是以知桓王之失鄭也：恕而行之，德之則也，禮之經也。己弗能有，而以與人，人之不至，不亦宜乎？	周桓王	82
隱十一	君子是以知息之將亡也：不度德，不量力，不親親，不徵辭，不察有罪。犯五不韙，而以伐人，其喪師也，不亦宜乎？	息國	82
桓二	君子以督爲有無君之心，而後動於惡，故先書弒其君。	華父督（宋）	90
桓六	君子曰：「善自爲謀。」及其敗戎師也，齊侯又請妻之。固辭，人問其故。太子曰：「無事於齊，吾猶不敢。今以君命奔齊之急，而受室以歸，是以師婚也。民其謂我何？」遂辭諸鄭伯。	太子忽（鄭）	112
桓十二	君子曰：「苟信不繼，盟無益也。《詩》云：『君子屢盟，亂是用長』無信也。」	宋莊公	124
桓十七	君子謂昭公知所惡矣。公子達曰：「高伯其爲戮乎！復惡已甚矣。」	鄭昭公	129
莊六	君子以二公子之立黔牟爲不度矣：夫能固位者，必度於本末，而後立衷焉。不知其本，不謀，知本之不枝，弗強。《詩》云：「本枝百世。」	二公子（衛）	141
莊八	君子是以善魯莊公。	魯莊公	143
莊十四	君子曰：「商書所謂『惡之易也，如火之燎于原，不可鄉邇，其猶可撲滅』者，其如蔡哀侯乎！」	蔡哀侯	156

出處	原　　　　文	評議對象	頁碼
莊十六	君子謂強鉏不能衛其足。	強鉏（鄭）	157
莊十九	君子曰：「鬻拳可謂愛君矣！諫以自納於刑，刑猶不忘納君於善。」	鬻拳（楚）	160
莊二十二	君子曰：「酒以成禮，不繼以淫，義也；以君成禮，弗納於淫，仁也。」	田敬仲（陳）	163
僖元	君子以齊人之殺哀姜也，爲已甚矣；女子，從人者也。	齊國	199
僖九	君子曰：「《詩》所謂『白圭之玷，尚可磨也；斯言之玷，不可爲也。』荀息有焉。」	荀息（晉）	220
僖十二	君子曰：「管子之世祀也宜哉，讓不忘其上。《詩》曰：『愷悌君子，神所勞矣。』」	管仲（齊）	223
僖二十	君子曰：「隨之見伐，不量力也。量力而動，其過鮮矣。善敗由己，而由人乎哉？」	隨國	241
僖二十二	君子曰：「非禮也。婦人送迎不出門，見兄弟不踰閾，戎事不邇女器。」	楚成王 芈氏 姜氏	249
僖二十四	君子曰：「服之不衷，身之災也。《詩》曰：『彼己之子，不稱其服。』子臧之服，不稱矣！《詩》曰：『自詒伊慼。』其子臧之謂矣。夏書曰：『地平天成。』稱也。	子臧（鄭）	258
僖二十八	君子謂是盟也信；謂晉於是役，能以德攻。	晉國	274
僖二十八	君子謂文公其能刑矣，三罪而民服。《詩》云：「惠此中國，以綏四方。」不失賞刑之謂也。	晉文公	276
文元	君子以爲古。古者，越國而謀。	衛成公	299
文二	君子謂狼瞫於是乎君子。《詩》曰：「君子如怒，亂庶遄沮。」又曰：「王赫斯怒，爰整其旅。」怒不作亂，而以從師，可謂君子矣。	狼瞫（晉）	302
文二	君子以爲失禮。禮無不順。祀，國之大事也，而逆之，可謂禮乎？子雖齊聖，不先父食久矣。故禹不先鯀，湯不先契，文、武不先不窋。宋祖帝乙，鄭祖厲王，猶上祖也。是以魯頌曰：「春秋匪解，享祀不忒，皇皇後帝，皇祖後稷。」君子曰：「禮」，謂其後稷親而先帝也。《詩》曰：「問我諸姑，遂及伯姊。」君子曰：「禮」，謂其姊親而先姑也。仲尼曰：「臧也。作虛器，縱逆祀，祀爰居，三不知也。」	夏父弗忌（魯）	303

出處	原　　文	評議對象	頁碼
文三	君子是以知秦穆之爲君也，舉人之周也，與人之壹也；孟明之臣也，其不解也，能懼思也；子桑之忠也，其知人也，能舉善也。《詩》曰：「於以采蘩？于沼、於沚。於以用之？公侯之事。」秦穆有焉。「夙夜匪解，以事一人」，孟明有焉。「詒厥孫謀，以燕翼子」，子桑有焉。	秦穆公 孟明 子桑（秦）	305
文四	君子是以知出姜之不允於魯也，曰：「貴聘而賤逆之，君而卑之，立而廢之，棄信而壞其主，在國必亂，在家必亡。不允宜哉！《詩》曰：『畏天之威，於時保之』，敬主之謂也。」	姜氏 （魯文公夫人）	306
文四	君子曰：「《詩》云：『惟彼二國，其政不獲；惟此四國，爰究爰度』，其秦穆之謂矣。」	秦穆公	306
文六	君子曰：「秦穆之不爲盟主，宜哉！死而棄民。先王違世，猶詒之法。而況奪之善人乎？《詩》云：『人之云亡，邦國殄瘁。』無善人之謂。若之何奪之？古之王者知命之不長，是以並建聖哲，樹之風聲，分之采物，著之話言，爲之律度，陳之藝極，引之表儀，予之法制，告之訓典，教之防利，委之常秩，道之禮則，使毋失其土宜，眾隸賴之，而後即命。聖王同之。今縱無法以遺後嗣，而又收其良以死，難以在上矣！」君子是以知秦之不復東征也。	秦穆公	314
文十三	君子曰：「知命。」	邾文公	333
宣二	君子曰：「失禮違命，宜其爲禽也。戎，昭果毅以聽之之謂禮，殺敵爲果，致果爲毅。易之，戮也。」……君子謂羊斟非人也，以其私憾，敗國殄民，於是刑孰大焉？《詩》所謂「人之無良」者，其羊斟之謂乎！殘民以逞。	羊斟（宋）	363
宣四	君子曰：「仁而不武，無能達也。凡弒君，稱君，君無道也；稱臣，臣之罪也。」	子家 鄭靈公	369
宣十二	君子曰：「史佚所謂『毋怙亂』者，謂是類也。《詩》曰：『亂離瘼矣，爰其適歸』，歸於怙亂者也夫！」	石制（鄭）	398
宣十三	君子曰：「清兵之盟，唯宋可以免焉。」	宋國	404

出處	原　　　　文	評議對象	頁碼
宣十三	君子曰：「惡之來也，己則取之。」其先穀之謂乎！	先穀（晉）	404
成二	君子謂華元、樂舉於是乎不臣。臣，治煩去惑者也，是以伏死以爭。今二子者，君生則縱其惑，死又益其侈，是棄君於惡也，何臣爲？	華元 樂舉（宋）	427
成二	君子曰：「位不可不愼也乎！蔡、許之君，一失其位，不得列於諸侯，況其下乎！《詩》曰：『不解於位，民之攸塈。』其是之謂矣。」	蔡景公 許靈公	430
成二	君子曰：「衆之不可以已也。大夫爲政，猶以衆克，況明君而善用其衆乎？〈大誓〉所謂商兆民離，周十人同者，衆也。」	晉辟楚之事	430
成七	君子曰：「知懼知是，斯不亡矣。」	季文子（魯）	443
成八	君子曰：「從善如流，宜哉！《詩》曰：『愷悌君子，遐不作人？』作人，斯有功績矣。」是行也，鄭伯將會晉師，門於許東門，大獲焉。	欒書（晉）	446
成九	君子曰：「恃陋而不備，罪之大者，備豫不虞，善之大者也。莒恃其陋，而不修城郭，浹辰之間，而楚克其三都，無備也夫！《詩》曰：『雖有絲、麻，無棄菅、蒯；雖有姬、姜，無棄蕉萃；凡百君子，莫不代匱。』言備不可以已也。」	莒國	449
成十	君子曰：「忠爲令德，非其人猶不可，況不令乎？」	叔申（晉）	450
成十四	君子曰：「《春秋》之稱，微而顯，志而晦，婉而成章，盡而不汙，懲惡而勸善。非聖人，誰能修之？」	春秋	465
成十七	仲尼曰：「鮑莊子之知不如葵，葵猶能衛其足。」	鮑莊子（齊）	482
襄二	君子是知齊靈公之爲「靈」也。	齊靈公	498
襄二	君子曰：「非禮也。禮無所逆。婦，養姑者也。虧姑以成婦，逆莫大焉。《詩》曰：『其惟哲人，告之話語，順德之行。』季孫於是爲不哲矣。且姜氏，君之妣也。《詩》曰：『爲酒爲醴，烝畀祖妣，以洽百禮，降福孔偕。』」	季文子（魯）	498

出處	原　　文	評議對象	頁碼
襄三	君子謂子重於是役也，所獲不如所亡。楚人以是咎子重。子重病之，遂遇心疾而卒。	子重（楚）	501
襄三	君子謂祁奚於是能舉善矣。稱其讎，不爲諂；立其子，不爲比；舉其偏，不爲黨。商書曰：「無偏無黨，王道蕩蕩」其祁奚之謂矣。解狐得舉，祁午得位，伯華得官，建一官而三物成，能舉善也。夫唯善，故能舉其類。《詩》云：「惟其有之，是以似之」祁奚有焉。	祁奚（晉）	501
襄四	君子曰：「志所謂『多行無禮，必自及也』其是之謂乎！」	季文子（魯）	506
襄五	君子謂楚共王於是不刑。詩曰：「周道挺挺，我心扃扃。講事不令，集人來定。」己則無信，而殺人以逞，不亦難乎！夏書曰：「成允成功。」	楚共王	515
襄五	君子是以知季文子之忠於公室也——相三君矣，而無私積，可不謂忠乎？	季文子（魯）	516
襄八	君子以爲知禮。	范宣子（晉）	522
襄十三	君子曰：「讓，禮之主也。范宣子讓，其下皆讓，欒黶爲汏，弗敢違也。晉國以平，數世賴之，刑善也夫！一人刑善，百姓休和，可不務乎！《書》曰：『一人有慶，兆民賴之，其寧惟永』，其是之謂乎！周之興也，其《詩》曰：『儀刑文王，萬邦作孚』，言刑善也。及其衰也。其《詩》曰：『大夫不均，我從事獨賢』，言不讓也。世之治也，君子尚能而讓其下，小人農力以其上，是以上下有禮，而讒慝黜遠，由不爭也，謂之懿德。及其亂也，君子稱其功以加小人，小人伐其技以馮君子，是以上下無禮，亂虐並生，由爭善也，謂之昏德。國家之敝，恆必由之。」	范宣子（晉）	555
襄十三	君子以吳爲不弔。《詩》曰：「不弔昊天，亂靡有定。」	吳國	556
襄十四	君子謂子囊忠。君薨，不忘增其名；將死，不忘衛社稷，可不謂忠乎？忠，民之望也。《詩》曰：「行歸于周，萬民所望」，忠也。	子囊（楚）	564
襄十五	君子謂楚於是乎能官人。官人，國之急也。能官人，則民無覦心。《詩》云：「嗟我懷人，寘彼周行」，能官人也。王及公、侯、伯、	楚國	565

出處	原　　　　文	評議對象	頁碼
	子、男，甸、采、衛大夫，各居其列，所謂周行也。		
襄二十二	君子曰：「善戒。《詩》曰：『慎爾侯度，用戒不虞』鄭子張其有焉。」	公孫黑肱（鄭）	599
襄二十三	君子謂慶氏不義，不可肆也。故《書》曰：「惟命不于常。」	慶氏（陳）	602
襄二十六	君子曰：「善事大國。」	鄭簡公	634
襄二十六	君子是以知平公之失政也。	晉平公	637
襄二十七	君子曰：「『彼己之子，邦之司直』，樂喜之謂乎！『何以恤我，我其收之』，向戌之謂乎！」	樂喜 向戌（宋）	649
襄三十	君子是以知鄭難之不已也。	鄭國	681
襄三十	君子謂宋共姬女而不婦。女待人，婦義事也。	宋共姬	681
襄三十	君子曰：「信其不可不慎乎！澶淵之會，卿不書，不信也夫。諸侯之上卿，會而不信，寵名皆棄，不信之不可也如是。《詩》曰：『文王陟降，在帝左右』，信之謂也。又曰：『淑慎爾止，無載爾僞』，不信之謂也。」	澶淵之會	683
襄三十一	於是昭公十九年矣，猶有童心，君子是以知其不能終也。	魯昭公	686
昭元	君子曰：「莒展之不立，棄人也夫！人可棄乎？《詩》曰：『無競維人。』善矣。」	展輿（莒）	705
昭三	君子曰：「仁人之言，其利博哉！晏子一言，而齊侯省刑。《詩》曰：『君子如祉，亂庶遄已。』其是之謂乎！」	晏子（齊）	724
昭三	君子曰：「禮，其人之急也乎！伯石之汏也。一為禮於晉，猶荷其祿，況以禮終始乎！《詩》曰：『人而無禮，胡不遄死』，其是之謂乎！」	伯石（魯）	724
昭四	君子謂合左師善守先代，子產善相小國。	向戌（宋） 子產（鄭）	731
昭五	君子謂叔侯於是乎知禮。	女叔齊（魯）	745
昭十二	君子謂子產於是乎知禮。禮，無毀人以自成也。	子產（鄭）	789
昭十八	君子是以知陳、許之先亡也。	陳國 許國	842

出處	原　　　　文	評議對象	頁碼
昭十九	君子曰：「盡心力以事君，舍藥物可也。」	太子止	844
昭三十一	君子曰：「名之不可不愼也如是：夫有所有名而不如其已。以地叛，雖賤，必書地。以名其人，終爲不義，弗可滅已。是故君子動則思禮，行則思義；不爲利回，不爲義疚。或求名而不得，或欲蓋而名章，懲不義也。齊豹爲衛司寇，守嗣大爲『盜』。邾庶其、莒牟九、邾黑肱以土地出，求食而已，不求其名。賤而必書。此二物者，所以懲而去貪也。若艱難其身，以險危大人，而有名章徹，攻難之士將奔走之。若竊邑叛君以徼大利而無名，貪冒之民將寘力焉。是以《春秋》書齊豹曰『盜』，三叛人名，以懲不義，數惡無禮，其善志也。故曰：《春秋》之稱微而顯，婉而辨。上之人能使昭明，善人勸焉，淫人懼焉，是以君子貴之。」	齊豹（衛） 庶其（邾） 牟九（莒） 黑肱（邾）	930
定九	君子謂子然於是不忠。苟有可以加於國家者，棄其邪可也。〈靜女〉三章，取彤管焉。〈竿旄〉：「何以告之」，取其忠也。故用其道，不棄其人。《詩》云：「蔽芾甘棠，勿翦勿伐，召伯所茇。」思其人，猶愛其樹，況用其道而不恤其人乎！子然無以勸能矣。	子然（鄭）	967
定十	君子曰：「此之謂棄禮，必不鈞。《詩》曰：『人而無禮，胡不遄死？』涉佗亦遄矣哉！」	涉佗（晉）	978
哀十八	君子曰：「惠王知志。夏書曰：『官占唯能蔽志，昆命於元龜』，其是之謂乎！志曰：『聖人不煩卜筮。』惠王其有焉。」	楚惠王	1047

二、《左傳》援引「聖賢重言」資料一覽表

仲尼（孔子）曰

出處	原　　　　文	評議對象	頁碼
僖二十八	仲尼曰：「以臣召君，不可以訓。」	晉文公	276
文二	仲尼曰：「臧文仲，其不仁者三，不知者三。下展禽，廢六關，妾織蒲，三不仁也。作虛器，縱逆祀，祀爰居，三不知也。」	臧文仲（魯）	303

出處	原　　文	評議對象	頁碼
宣二	孔子曰:「董狐，古之良史也，書法不隱。趙宣子，古之良大夫也，爲法受惡。惜也，越竟乃免。」	趙盾（晉）	365
宣九	孔子曰:「詩云:『民之多辟，無自立辟』其洩冶之謂乎！」	洩冶（陳）	380
襄二十三	仲尼曰:「知之難也，有臧武仲之知，而不容于魯國，抑有由也，作不順而施不恕。〈夏書〉曰:『念茲在茲。』順事、恕施也。」	臧武仲（魯）	608
襄二十五	仲尼曰:「志有之:『言以足志，文以足言。』不言，誰知其志？言之無文，行而不遠。晉爲伯，鄭入陳，非文辭不爲功。愼辭哉！」	言與文	623
昭五	仲尼曰:「叔孫昭子之不勞，不可能也。周任有言:『爲政者不賞私勞，不罰私怨。』《詩》云:『有覺德行，四國順之。』」	叔孫昭子（魯）	743
昭七	仲尼曰:「能補過者，君子也。《詩》曰:『君子是則是效。』孟僖子可則效已矣。」	孟僖子（魯）	766
昭十二	仲尼曰:「古也有志:『克己復禮，仁也。』信善哉！楚靈王若能如是，豈其辱於乾谿？」	楚靈王	795
昭十四	仲尼曰:「叔向，古之遺直也。治國制刑，不隱於親。三數叔魚之惡，不爲末減。曰義也夫，平丘之會，數其賄也，以寬衛國，晉不爲暴。歸魯季孫，稱其詐也，以寬魯國，晉不爲虐。邢侯之獄，言其貪也，以正刑書，晉不爲頗。三言而除三惡，加三利，殺親益榮，猶義也夫！」	叔向（晉）	821
昭二十	仲尼曰:「齊豹之盜，而孟縶之賊，女何弔焉，君子不食姦，不受亂，不爲利疚於回，不以回待人，不蓋不義，不犯非禮。」	齊豹 孟縶（衛）	855～856
昭二十	仲尼曰:「守道不如守官。」君子同之。	虞人	858
昭二十	仲尼曰:「善哉，政寬則民慢，慢則糾之以猛，猛則民殘，殘則施之以寬，寬以濟猛，猛以濟寬，政是以和。詩曰:『民亦勞止，汔可小康，惠此中國，以綏四方。』施之以寬也。『毋從詭隨，以謹無良，式遏寇虐，慘不畏明。』糾之以猛也。『柔遠能邇，以定我王。』平之以和也。又曰:『不競不絿，不剛不柔，布政優優，百祿是遒。』和之至也。」	大叔（鄭）	861

出處	原　　文	評議對象	頁碼
昭二十九	仲尼曰:「晉其亡乎!失其度矣。夫晉國將守唐叔之所受法度，以經緯其民，卿大夫以序守之，民是以能尊其貴，貴是以能守其業。貴賤不愆，所謂度也。文公是以作執秩之官，爲被廬之法，以爲盟主。今棄是度也，而爲刑鼎，民在鼎矣，何以尊貴?貴何業之守?貴賤無序，何以爲國?且夫宣子之刑，夷之蒐也，晉國之亂制也，若之何以爲法?」	晉國	920
定九	仲尼曰:「趙氏其世有亂乎!」	趙氏	968
定十五	仲尼曰:「賜不幸言而中，是使賜多言者也。」	子貢（魯）	985
哀六	孔子曰:「楚昭王之知大道矣，其不失國也宜哉。」	楚昭王	1007

參考書目

※古籍文獻以時代先後排序，同時代者以姓名筆畫排序。

※近人論著以姓名筆畫排序。

一、古籍文獻

1.〔周〕左丘明撰；〔吳〕韋昭注：《國語》，臺北：漢京出版，1983年。

2.〔東漢〕許慎著；〔清〕段玉裁注：《說文解字注》，臺北：萬卷樓，1999年。

3.〔漢〕趙岐注；〔宋〕孫奭疏；〔清〕阮元校勘：《孟子注疏》，藝文印書館股份有限公司，影印清代嘉慶二十年江西南昌府學刻本，1993年。

4.〔漢〕何休解詁；〔唐〕徐彥疏；〔清〕阮元校勘：《春秋公羊傳注疏》，藝文印書館股份有限公司，影印清代嘉慶二十年江西南昌府學刻本，1993年。

5.〔漢〕孔安國注；〔唐〕孔穎達疏；〔清〕阮元校勘：《尚書注疏》，藝文印書館股份有限公司，影印清代嘉慶二十年江西南昌府學刻本，1997年。

6.〔漢〕鄭玄注；〔唐〕賈公彥疏；〔清〕阮元校勘：《周禮注疏》，藝文印書館股份有限公司，影印清代嘉慶二十年江西南昌府學刻本，1997年。

7.〔漢〕鄭玄注；〔唐〕孔穎達疏；〔清〕阮元校勘：《禮記注疏》，藝文印書館股份有限公司，影印清代嘉慶二十年江西南昌府學刻本，1997年。

8.〔晉〕杜預集解；〔唐〕孔穎達；〔清〕阮元校勘：《左傳注疏》，藝文印書館股份有限公司，影印清代嘉慶二十年江西南昌府學刻本，1993年。

9.〔晉〕杜預註：《春秋左傳集解》，臺北：七略出版社，2005年。

10.〔晉〕范甯集解；〔唐〕楊士勛疏；〔清〕阮元校勘：《春秋穀梁傳注疏》，藝文印書館股份有限公司，影印清代嘉慶二十年江西南昌府學刻本，1993年。

11.〔梁〕蕭統編；〔唐〕李善注：《文選》上冊，臺北：五南圖書出版，2004年。
12.〔唐〕陸德明撰；吳承仕疏證：《經典釋文序錄疏證》，北京：中華書局，2008年。
13.〔唐〕劉知幾撰；〔清〕浦起龍釋：《史通通釋》，臺北：九思出版，1978年。
14.〔宋〕朱熹撰：《四書章句集註》，臺北：鵝湖出版社，1998年。
15.〔清〕高士奇：《左傳紀事本末》，臺北：德志出版社，1962年。
16.〔清〕魏源撰：《魏源全集》，長沙：岳麓書社，2004年。
17.〔清〕姚鼐編著；〔民國〕王文濡評注：《大字本評註古文辭類纂》，臺北：華正書局，1979年。
18.〔清〕陳立著：《公羊義疏》，臺北：臺灣商務印書館，1982年。
19.〔清〕郭慶藩主編；王孝魚整理：《莊子集釋》，臺北：萬卷樓，1993年。
20.〔清〕章太炎：《春秋左傳讀》，臺北：學海出版，1984年。
21.〔清〕朱右曾撰：《逸周書集訓校釋》，臺北：臺灣商務印書館，1968年。
22.〔清〕王先謙：《荀子集釋》，北京：中華書局，1988年。
23.〔清〕王先愼撰：《韓非子集解》，臺北：臺灣商務印書館，1965年。

二、近人論著

專　書

1. 王利器：《呂氏春秋注疏》，成都：巴蜀書社，2002年。
2. 朱師轍：《商君書解詁定本》，臺北：世界書局，1966年。
3. 沈玉成、劉寧：《春秋左傳學史稿》，南京：江蘇古籍出版社，1992年。
4. 范文瀾：《文心雕龍注》，臺北：學海出版社，1991年。
5. 郁賢皓／周福昌／姚曼波：《新譯左傳讀本》臺北：三民書局，2006年。
6. 張以仁：《春秋史論集》，臺北：聯經出版社，1990年。
7. 張高評：《左傳之文韜》，臺北：麗文文化，1994年。
8. 張端穗：《左傳思想探微》，臺北：學海出版社，1987年。
9. 陳士珂：《孔子家語疏證》第二冊，北京：中華書局，1985年。
10. 陳新雄：《訓詁學上冊》，頁164。臺北：學生書局，1999年。
11. 傅隸僕：《春秋三傳比義》，北京：中國友誼出版公司，1984年。
12. 程發軔：《春秋要領》，臺北：東大圖書有限公司，1989年。
13. 楊向奎：《中國古代社會與古代思想研究》，上海：人民出版社，1962年。

14. 楊伯峻：《春秋左傳注》，臺北：洪葉文化，2007 年。
15. 楊伯峻：《論語譯注》，香港：中華書局，1999 年。
16. 楊家駱主編：《白虎通證等二種》，臺北：鼎文書局，1973 年。
17. 楊寬：《西周史》，臺北：臺灣商務，1999 年。
18. 葉國良、夏長樸、李隆獻：《經學通論》，臺北：國中空大大學，1996 年。
19. 趙善詒：《說苑疏證》，臺北：文史哲出版，1986 年。
20. 劉文典：《淮南鴻烈集解》，臺北：文史哲出版社，1992 年。
21. 劉正浩：《左海鉤沉》，臺北：東大圖書有限公司，1997 年。
22. 鄭良樹：《竹簡帛書論文集》，臺北：學海出版社，1994 年。
23. 黎鳳翔：《管子校注》，北京：中華書局，1992 年。
24. 盧元駿：《新序新注新譯》，臺北：臺灣商務印書館，1977 年。
25. 錢玄同：《劉申叔先生遺書》，臺北：華世出版社，1975 年。
26. 錢穆：《兩漢經學今古文平議》，臺北：東大圖書公司，1978 年。
27. 戴君仁等著：《春秋三傳研究論集》，臺北：黎明文化，1981 年。
28. 謝冰瑩、邱燮友等人：《古文觀止》，臺北，三民書局，2007 年。
29. 鍾肇鵬：《鬻子校理》，北京：中華書局，2010 年。
30. 譚家哲：《論語與中國思想研究》，臺北：唐山出版社，2006 年。
31.〔日本〕重澤俊郎：《左傳人名地名索引》臺北：廣文書局，1970 年。
32.〔日本〕竹添光鴻：《左傳會箋》，臺北：天工書局，1998 年。
33.〔日本〕瀧川龜太郎：《史記會注考證》，臺北：文史哲出版，1997 年。
34.〔日本〕佐藤將之：《中國古代的「忠」論》，臺北：臺大出版中心，2011 年。

學位論文

1. 王聰明：《左傳人文思想研究》，國立臺灣師範大學碩士論文，1986 年。
2. 朱賜麟：《曹劌之陣思想研究——及其在春秋兵學思想史上的意義》，國立臺灣師範大學，國文學系在職進修班碩士論文，2006 年。
3. 李小平：《左傳晉國稱霸君臣言行探討》，國立政治大學博士論文，1990 年。
4. 黄一凡：《兩周金文親屬稱謂研究》，國立清華大學碩士論文，2011 年。
5. 葉文信：《左傳「君子曰」考述》，國立臺灣師範大學碩士論文，1999 年。
6. 葉惠雯：《左傳人文思想研究》，國立臺灣師範大學碩士論文，2009 年。
7. 趙啓迪：《春秋戰國時期的諫諍制度》，吉林大學歷史學碩士論文，2008 年。

8. 劉瑞箏：《左傳禮意研究》，國立臺灣師範大學博士論文，1998 年。
9. 盧心懋：《左傳君子曰研究》，國立政治大學碩士論文，1986 年。
10. 謝育娟：《從春秋五霸之事論《春秋》之道名份》，國立臺灣師範大學碩士論文，2006 年。
11. 龔慧治：《左傳「君子曰」問題研究》，國立臺灣大學碩士論文，1988 年。

期刊、會議論文

1. 吳智雄：〈論左傳「君子曰」中的禮〉，《國文學報》第三期，頁 217～234，2005 年。
2. 吳智雄：〈論左傳「君子曰」的政治思想，《孔仲溫教授逝世五週年紀念文集》，頁 391～440，臺北：學生書局，2006 年。
3. 吳智雄：〈論左傳「君子曰」的道德意識——兼論「君子曰」的春秋書法觀念〉，《國文學誌》第八期，頁 377～395，2004 年。
4. 李隆獻：〈《左傳》「仲尼曰」敘事芻論〉，《臺大中文學報》，第 33 期，2010 年 12 月，頁 91～138。
5. 屈萬里：〈孔子的述與作〉，《孔孟學報》，卷 10 期 12，頁 22，1972 年。
6. 季旭昇：〈從新出戰國材料看孔子的政刑思想——以《上博三‧仲弓》「宥過舉罪」爲例〉，收錄於慶祝黃天成教授九十壽誕論文集，未刊稿。
7. 張以仁：〈關於左傳君子曰的一些問題〉，《孔孟月刊》，3 卷 3 期，頁 29～30，1964 年。
8. 張端穗：〈《公羊傳》與《穀梁傳》親親觀比較研究——以君王對待世子、母弟之道爲探索焦點〉，《東海大學文學院學報》，第 50 卷，2009 年 7 月，頁 1～46。
9. 陳致宏：〈左傳敘「諫」析論〉，《興大中文學報》，第 25 期，頁 85～104，2009 年。
10. 黃翠芬：〈左傳「君子曰」考詮〉，《朝陽學報》，頁 89～105，1996 年。
11. 蔡妙眞：〈變焦鏡頭——左傳價值辯證手法〉，《興大中文學報》，第 21 期，頁 227～251，2007 年。
12. 盧心懋：〈論《左傳》所見之「讓」德〉，收入《慶祝周一田先生七秩誕辰論文集》，頁 181～199，臺北：萬卷樓，2003 年。